Revue des Nouvelles Technologies de l'Information
Sous la direction de Djamel A. Zighed et Gilles Venturini

RNTI B.12 – ISBN 979-10-96289-03-5

XIIe journées francophones sur les Entrepôts de Données et l'Analyse en ligne

Rédacteur invité : Alain Casali (LIF - Aix Marseille Université)

LE MOT DES DIRECTEURS DE LA COLLECTION RNTI

Très chers lecteurs et lectrices,

Nous avons créé RNTI pour soutenir et valoriser la production scientifique francophone dans tous les domaines des nouvelles technologies de l'information et de la communication (NTIC). Pour ce faire, nous avons mis en place un modèle de diffusion qui garantit la qualité des contenus et qui réduit drastiquement les contraintes financières d'édition. Nous voulons ainsi contribuer à la diffusion de la culture scientifique et des savoirs, sources de progrès et de paix.

La collection RNTI a aujourd'hui 16 ans. Le numéro que vous avez sous les yeux est le 69ème. Depuis le début des années 2000, plus de 10000 pages ont été publiées et plus de 2000 auteurs français et étrangers ont signé un ou plusieurs de ces articles. RNTI est aujourd'hui connue de tous comme l'une des principales publications scientifiques francophones dans le domaine des NTIC.

RNTI doit en permanence s'adapter aux nouvelles conditions de diffusion des connaissances. En effet, notre collection fait face aux mêmes contraintes que connait l'édition en ce début du 21 ème siècle. Le rôle de l'éditeur, qui assurait la qualité de la production sur la base d'un modèle économique fondé sur le livre ou la revue papier vendus en librairie, a changé. La dématérialisation des documents et l'internet ont rendu ce modèle obsolète, ce qui a engendré l'émergence de sites de publications sans contrôle ni évaluation des contenus par les pairs. Pourtant, sans outils d'évaluation et de contrôle de la qualité scientifique des publications, les savoirs et les connaissances risquent d'être polués et noyés dans un grand volume de textes de qualité douteuse, engendrant ainsi la confusion. RNTI tente de répondre à cette double exigence : qualité des contenus et accessibilité à coût financier quasi nul. Cela a été possible grâce, d'une part à l'engagement de nombreux relecteurs qui ont accepté de donner de leur temps pour garantir ce haut niveau de la revue et d'autre part à la mise en oeuvre de solutions techniques - chaine numérique d'édition et dc diffusion - pour que la production et la diffusion des numéros requièrent le moins de ressources financières possibles. C'est pour aller encore plus loin sur ce second volet, que nous avons décidé :

1. de mettre en ligne gratuitement, dès la parution, l'intégralité de chaque numéro. Par le passé, il fallait attendre trois ans pour que les contenus deviennent libres et gratuits sur le site.

2. d'assurer nous-mêmes l'édition et la diffusion de la version papier, précédemment faite par une maison d'édition indépendante. Ainsi, grâce à l'impression à la demande devenue très compétitive, les lecteurs peuvent acquérir des versions papiers à un coup encore plus faible.

Outre ces deux évolutions, les principes de fonctionnement de RNTI restent inchangés. Ils s'articulent autour des points suivants :

1. Le maintien de l'évaluation par les pairs comme la seule garantie de la qualité des publications. Tout papier publié dans RNTI fait l'objet de trois évaluations au minimum ;

2. Le fait de s'appuyer sur des éditeurs invités, qui connaissent bien leurs spécialités et qui sont donc en mesure de renforcer la qualité des contenus, accroit la valeur scientifique des papiers ;

3. Le référencement dans les bases de données bibliographiques internationales comme DBLP ou Scopus.

Cette stratégie nous permet aujourd'hui de proposer à la communauté scientifique un outil de valorisation unique dans la sphère francophone. RNTI est maintenant bien identifiée pour sa crédibilité et son sérieux par toutes les instances et institutions en charge notamment la recherche scientifique et de l'enseignement supérieur. Loin de s'arrêter aux frontières, mêmes étendues, du Français, nous avons assuré une diffusion des meilleures productions vers le monde anglophone dans la série Studies in Computational Intelligence, publiée et diffusée par Springer à l'international.

Notre prochain objectif est de consolider d'avantage la publication électronique par un site offrant non seulement l'ensemble des articles mais proposant également des outils pour travailler sur les contenus de la production scientifique depuis le premier numéro. RNTI sera ainsi non seulement une base de documentation mais aussi un support de réflexion et de veille scientifique.

Tout ce travail n'a été possible que grâce à vos efforts et votre soutien, lecteurs, auteurs et rédacteurs invités. C'est vers vous que nos remerciements vont et nous restons toujours attentifs à vos suggestions car RNTI doit avant tout répondre à vos attentes.

Djamel A. Zighed et Gilles Venturini.

PRÉFACE

Les technologies d'analyse en ligne (OLAP) et d'entreposage de données se sont imposées comme des outils fondamentaux et incontournables de l'informatique décisionnelle. Ces technologies sont aujourd'hui confrontées à de nouveaux chalenges scientifiques dus (i) à la multiplication des nouvelles sources d'informations (spatiales, flots, disparates, évolutives, distribuées, ...), (ii) à de nouvelles architectures et infrastructures (Cloud, Web, ...), (iii) à une volumétrie des données croissante (Big Data), et (iv) la volonté de rendre les résultats des recherches le plus accessible possible pour tout type d'utilisateurs. Cette évolution soulève des défis scientifiques qui nécessitent la définition de nouvelles approches pour les architectures, l'intégration, la modélisation, l'interrogation et l'optimisation.

Les 12emes journées francophones sur les Entrepôts de Données et l'Analyse en ligne, qui se sont déroulées à Aix-en-Provence, dans les locaux de l'IUT d'Aix-Marseille Université – Pôle d'Aix-en-Provence, les 9 et 10 mai 2016, ont été un contexte de rencontres et d'échanges entre chercheurs, industriels et utilisateurs français et francophones intéressés par les avancées dans ces deux domaines. Sur les 12 soumissions à la conférence, toutes évaluées par au moins trois relecteurs, 6 articles longs et 2 articles courts ont été acceptés pour être présentées à la conférence. Outre ces présentations, le programme comprenait deux conférences invitées, données respectivement par Viet Phan Luong (Aix-Marseille Université), Piotr Przymus (Université de Torun) et Patrick Beaucamp (BPM-Conseil).

Nous tenons à remercier les personnes qui ont contribué au succès de EDA'16 : les auteurs des articles, les membres du comité de programme, les membres du comité de pilotage de EDA, les membres du comité d'organisation, ainsi que les conférenciers.

Merci également au LIF, à Aix-Marseille Université, au CNRS, et au Pôle d'Aix-en-Provence de l'IUT. Nous remercions enfin les directeurs de la collection RNTI, Messieurs Gilles Venturini et Djamel Zighed, pour la publication des actes.

Alain CASALI
LIF

Membres du comité de pilotage

Le Comité de pilotage est constitué de :

Ladjel Bellatreche

Fadila Bentayeb

Omar Boussaid

Jérôme Darmont

Rokia Missaoui

Gilles Zurfluh

Membres du comité Scientifique

Le Comité Scientifique est constitué de :

Alberto Abello

Alexander Löser

Anne Laurent

Benjamin Nguyen

Bernard Espinasse

Carlos Ordonez

Catherine Roussey

Cécile Favre

Daniel Lemire

Dominique Laurent

Elsa Negre

Esteban Zimanyi

Fadila Bentayeb

Faten Atigui

Franck Ravat

François Pinet

Gilles Zurfluh

Hanene Ben-Abdallah

Jamel Feki

Jerome Darmont

Juan Trujillo

Kamel Boukhalfa

Karine Zeitouni

Ladjel Bellatreche

Laurent d'Orazio

Lotfi Lakhal

Maguelonne Teisseire

Marie-Aude Aufaure

Maryvone Miquel

Matteo Golfarelli

Noël Novelli

Nouria Harbi

Omar Boussaid

Oscar Romero

Panos Vassiliadis

Patrick Marcel

Rafik Bouaziz

Robert Wrembel

Rokia Missaoui

Sabine Loudcher

Sandro Bimonte

Sofian Maabout

Stefano Rizzi

Teste Olivier

Veronika Peralta

Zohra Bellahsene

TABLE DES MATIÈRES

Articles

Nouveaux modèles d'index bitmap compressés à 64 bits

Samy Chambi*, Daniel Lemire**, Robert Godin*

*Département d'informatique, UQAM, 201, av. Président-Kennedy
Montréal, QC, H2X 3Y7 Canada
chambi.samy@gmail.com
godin.robert@uqam.ca
**LICEF, Université du Québec, 5800 Saint-Denis, Montréal, QC, H2S 3L5 Canada
lemire@gmail.com

Résumé. Les index bitmap sont très utilisés dans les entrepôts de données et moteurs de recherche pour accélérer les requêtes d'interrogation. Leurs principaux avantages résident en leur forme compacte et leur capacité à tirer profit du traitement parallèle de bits dans les CPU (*bit-level parallelism*). Dans l'ère actuelle du *Big Data*, les collections de données deviennent de plus en plus volumineuses. Les librairies d'index bitmap compressés introduites à ce jour, telles que : *Roaring bitmap*, *WAH* ou *Concise*, ne supportent que des bitmaps d'au plus $2^{32} \approx 4$ milliards d'entrées et sont souvent impraticables sur de telles masses de données. Ce travail propose trois nouveaux modèles d'index bitmap compressés supportant jusqu'à 2^{64} entrées. Des expériences comparant les performances des nouveaux modèles avec celles de la solution *OpenBitSet* utilisée par le moteur de recherche Apache Lucene, ainsi que d'autres collections Java ont montré que les approches proposées ont permis de calculer des opérations logiques jusqu'à ≈ 6 millions de fois et jusqu'à $\approx$ soixante-trois milles fois plus vite qu'*OpenBitSet* et les structures Java, respectivement, tout en consommant beaucoup moins d'espace mémoire.

1 Introduction

Les quantités d'informations générées de nos jours ne cessent de croître à une vitesse phénoménale (Richard Benjamins, 2014). Pour indexer de telles masses de données, la majorité des librairies de représentation d'index bitmap proposées à ce jour s'avèrent impraticables dans de telles situations, car elles ne peuvent être appliquées que sur des ensembles de données ne dépassant pas les $2^{32} \approx 4$ milliards d'entrées, nous citons comme exemple, la librairie ConciseSet 2.2 (Colantonio, 2010) implémentant les modèles de compression bitmap *WAH* (Wu et al., 2006) et *Concise* (Colantonio et Di Pietro, 2010) en 32 bits, la librairie JavaE-WAH (Lemire et Kaser, 2010) implémentant le modèle de la technique de compression bitmap à 32 bits *EWAH* (Lemire et al., 2010), et la librairie RoaringBitmap (Roaring's team, 2014) mettant en œuvre le modèle de la solution de compression bitmap précédemment proposée : *Roaring bitmap* (Chambi et al., 2014, 2016). Les ingénieurs du moteur de recherche Apache

Lucene (Apache, 2012) ont fait face à cette problématique, et ont introduit une librairie d'indexation bitmap : *OpenBitset* (Apache, 2010), qui supporte jusqu'à $64 \times 2^{32} - 1$ entrées. Cependant, cette solution reste simple du fait qu'elle n'adopte aucune méthode de compression, et par conséquent, ne promet pas de bonnes performances. En réponse à cette problématique rencontrée tant dans le milieu scientifique qu'industriel, nous avons introduit trois nouveaux modèles d'index bitmap compressés inspirés de la solution de compression bitmap à 32 bits, *Roaring bitmap* (Chambi et al., 2014, 2016), et qui peuvent indexer jusqu'à 2^{64} entrées ; un seuil plutôt raisonnable par rapport aux collections de données rencontrées de nos jours. Ce travail introduit ces trois librairies en présentant leurs différents formats et les mécanismes adoptés par chaque solution pour calculer des opérations logiques entre bitmaps. Les bancs d'essais mis en œuvre pour comparer les performances de ces nouvelles techniques avec celles de la solution *OpenBitSet* adoptée par le moteur de recherche Apache Lucene, ainsi qu'avec d'autres collections Java définies dans l'empaquetage Java.Util sont également présentés.

Le papier est organisé comme suit : la section 2 introduit les trois nouveaux modèles d'index bitmap compressés supportant jusqu'à 2^{64} entrées. Les bancs d'essais évaluant les performances de ces index bitmap compressés, les résultats obtenus ainsi qu'une analyse de ces résultats sont présentés à la section 3. Ce travail se termine avec une conclusion à la section 4.

2 Modèles d'index bitmap compressés

Les modèles d'index bitmap compressés proposés représentent chaque bit positif dans un bitmap par un entier de 64 bits, qui indique la position, débutant possiblement de 0, du bit positif dans le bitmap. Ces modèles se comptent au nombre de trois et sont définis dans les sous-sections suivantes.

2.1 RoaringTreeMap

Le modèle *RoaringTreeMap* combine un arbre Java TreeMap avec la structure *Roaring bitmap* pour indexer un ensemble d'entiers de 64 bits représentant les positions des bits positifs d'un bitmap. Un TreeMap est une mise en œuvre de l'arbre rouge-noir, un arbre binaire de recherche équilibré, et fait partie des collections de données définies dans l'empaquetage Java.Util. Les différentes opérations de la structure arborescente (insertion, recherche, etc.) ont été implémentées avec les algorithmes proposés par (Cormen et al., 2001).

Pour représenter un entier de 64 bits, ce modèle le divise en deux parties. La première partie constitue les 32 bits de poids fort de l'entier, et la deuxième les 32 bits de poids faible. Un nœud d'un *RoaringTreeMap* est composé d'une clé, qui est un entier de 32 bits, et d'un *Roaring bitmap*. *RoaringTreeMap* regroupe un ensemble d'entiers de 64 bits partageant les mêmes 32 bits de poids fort dans un même nœud. La clé du nœud stocke les 32 bits de poids fort communs du groupe d'entiers, et le *Roaring bitmap* associé au nœud renferme les 32 bits de poids faible restants. Ainsi, *RoaringTreeMap* applique une forme de compression préfixe sur les 32 bits de poids fort d'un tel groupe d'entiers, pouvant sauver jusqu'à $32 \times (2^{32} - 1)$ bits pour chaque tel groupe.

Une opération d'insertion ou de recherche d'un entier de 64 bits dans un *RoaringTreeMap* commence par effectuer un accès aléatoire dans l'arbre afin de trouver un nœud comportant une clé de valeur égale à celle des 32 bits de poids fort de l'entier en question. L'adoption d'un arbre de recherche binaire équilibré pour le modèle *RoaringTreeMap* permet d'effectuer une telle opération en un temps de complexité logarithmique par rapport au nombre total des nœuds de l'arbre parcouru. Par la suite, si un tel nœud est trouvé, une deuxième opération d'insertion ou de recherche sera effectuée au niveau du *Roaring bitmap* associé à ce nœud, ce qui prend aussi un temps de complexité logarithmique par rapport au nombre d'entrées dans l'index de premier niveau du *Roaring bitmap* et au nombre d'entrées stockées dans le conteneur accédé, si ce dernier est représenté sous la forme d'un tableau trié.

Un autre avantage de *RoaringTreeMap* vient de la propriété des arbres de recherche binaires équilibrés, qui garantit que les nœuds de l'arbre puissent être toujours parcourus dans l'ordre croissant des valeurs de leurs clés dans un temps de complexité linéaire par rapport au nombre de nœuds dans l'arbre. Combiné au tri par ordre croissant des entiers à 32 bits maintenus au sein des *Roaring bitmaps*, cela permet au modèle *RoaringTreeMap* d'itérer dans un ordre croissant sur l'ensemble des entiers à 64 bits indexés en un temps linéaire par rapport au nombre de ces entiers. Ce plus s'avère très efficace pour le calcul d'opérations ensemblistes basiques entre deux *RoaringTreeMaps*, comme : l'intersection, l'union, ou l'union exhaustive, qui peuvent s'effectuer en un temps d'ordre linéaire par rapport au nombre des entiers contenus dans les deux arbres. Sans cette propriété, une telle opération serait exécutée en un temps de complexité quadratique par rapport au nombre des éléments dans les deux ensembles.

2.1.1 L'union de deux *RoaringTreeMaps*

Une union prend deux *RoaringTreeMaps* en entrée et renvoie le résultat dans un nouveau *RoaringTreeMap*. L'algorithme commence par allouer un nouveau tableau dynamique vide qui sera rempli avec les nœuds formant le résultat de l'union. Ensuite, les deux arbres en entrée sont parcourus itérativement dans l'ordre croissant des valeurs de leurs clés. Lors d'une itération, si les deux nœuds courants ont des clés de valeurs différentes, l'algorithme copie le nœud contenant la plus petite des deux clés, l'insère dans le tableau dynamique, puis avance d'une position dans l'arbre contenant ce nœud. Sinon, si les deux nœuds comparés lors d'une itération renferment des clés de même valeur, un OU logique est calculé entre les *Roaring bitmaps* des deux nœuds, puis le résultat est retourné dans un nouveau *Roaring bitmap*. Un nouveau nœud contenant le *Roaring bitmap* obtenu et une clé de valeur égale à celle des deux nœuds comparés sera inséré dans le tableau dynamique. Ces opérations continuent jusqu'à avoir parcouru les deux arbres au complet. À la fin, les nœuds insérés jusqu'ici dans le tableau dynamique seront triés dans l'ordre croissant des valeurs de leurs clés, puis un algorithme récursif construit l'arbre *RoaringTreeMap* résultant à partir du tableau dynamique.

L'algorithme nécessite un temps de $\Theta(n_1 + n_2)$ pour parcourir les deux arbres en entrée, où n_1 et n_2 représentent le nombre de nœuds dans les deux arbres, respectivement. La construction du tableau dynamique se fait en un temps de $O(n_1 + n_2)$, car il pourrait y avoir au plus $O(n_1 + n_2)$ insertions, et chacune d'elles se fait dans un temps amorti constant. La construction de l'arbre *RoaringTreeMap* final est réalisée avec un algorithme récursif efficace qui consomme un temps de $O(n_1 + n_2)$. Ainsi, le temps total d'exécution de ce deuxième algorithme d'union est de $O(n_1 + n_2)$ plus le temps nécessaire pour calculer les possibles OU logiques entre *Roaring bitmaps* (Chambi et al., 2014, 2016).

2.1.2 L'intersection de deux *RoaringTreeMaps*

Une opération d'intersection prend deux *RoaringTreeMaps* en entrée et renvoie le résultat dans un nouveau *RoaringTreeMap*. L'algorithme commence par allouer un tableau dynamique vide qui sera rempli avec les nœuds formant l'arbre résultant de l'intersection. Après, l'algorithme itère sur les nœuds des deux arbres dans l'ordre croissant des valeurs de leurs clés. À la rencontre de deux nœuds de valeurs de clés différentes, l'algorithme avance d'une position sur l'arbre contenant le nœud de plus petite valeur de clé. Sinon, dans le cas où les deux nœuds renferment deux clés de même valeur, un ET logique est exécuté entre les *Roaring bitmaps* associés aux deux clés, et le résultat est renvoyé dans un nouveau *Roaring bitmap*. Ensuite, un nouveau nœud contenant une clé de valeur égale à celle des deux clés équivalentes, et le *Roaring bitmap* retourné seront ajoutés au tableau dynamique. Ces opérations se poursuivent jusqu'à avoir complètement parcouru l'un des deux arbres au complet.

À la fin des itérations, le tableau dynamique contiendra les nœuds formant l'arbre final dans l'ordre croissant des valeurs de leurs clés. Ensuite, un algorithme récursif construira l'arbre *RoaringTreeMap* résultant.

Le temps d'exécution de ce deuxième algorithme d'intersection dépend du temps nécessaire pour parcourir l'un des deux arbres, puis pour remplir le tableau dynamique, et en dernier pour construire l'arbre *RoaringTreeMap* final. Le temps total pour accomplir les précédentes opérations est de l'ordre de $\Theta(n_1 + n_2)$ au pire cas, où n_1 et n_2 représentent, respectivement, le nombre de nœuds dans les deux arbres. Au meilleur cas, un temps de $\Theta(\min(n_1, n_2))$ est consommé par l'algorithme d'intersection, lorsqu'un parcours direct de l'un des deux arbres suffit pour arriver au résultat final. Cela sans oublier le temps consommé par les possibles calculs de ET logiques entre *Roaring bitmaps* (Chambi et al., 2014, 2016).

2.2 RoaringTwoLevels

Ce modèle utilise une structure à deux niveaux presque similaire à celle de *Roaring bitmap* pour stocker un ensemble d'entiers de 64 bits représentant les positions des bits positifs d'un bitmap. Le premier niveau est un tableau dynamique dans lequel chaque entrée renferme un entier de 64 bits et un pointeur vers un conteneur. L'ensemble des conteneurs pointés par les entrées du tableau du premier niveau forme le deuxième niveau de la structure de données.

Un groupe d'entiers de 64 bits partageant les mêmes 48 bits de poids fort sont regroupés dans une même entrée de l'index de premier niveau. Les 48 bits de poids fort communs sont stockés dans les bits de poids fort des 64 bits de l'entrée, et les 16 bits de poids faible restants du groupe d'entiers sont conservés dans le conteneur pointé par l'entrée. Pour ce qui est des 16 bits de poids faible non utilisés au niveau des 64 bits d'une entrée de premier niveau, ils serviront à garder la cardinalité du groupe d'entiers indexés par cette entrée, qui peut atteindre jusqu'à 2^{16} entiers. Ceci permet de calculer efficacement la cardinalité d'un bitmap en effectuant qu'un parcours du tableau de premier niveau, optimisant ainsi plusieurs types d'opérations réalisées par les requêtes dans les bases de données, comme le calcul de COUNT en SQL.

Nommons les 48 bits de poids fort parmi les 64 bits d'une entrée du tableau de premier niveau par les bits communs de l'entrée, et les 16 bits de poids faible restants dans les 64 bits d'une entrée de premier niveau par les bits de cardinalité de l'entrée. Le tableau dynamique du premier niveau est maintenu trié dans l'ordre croissant des valeurs des bits communs de ses entrées. De façon similaire à *Roaring bitmap*, un conteneur au deuxième niveau peut être représenté par un bitmap d'une taille statique de 2^{16} bits, ou par un tableau dynamique d'entiers de 16 bits triés dans un ordre croissant, en fonction de la densité du conteneur. Ainsi, pour accéder à un entier de 64 bits quelconque stocké dans la structure de données, une première opération de recherche binaire à temps logarithmique par rapport au nombre des entrées est effectuée sur le tableau de premier niveau à la recherche d'une entrée avec une valeur de bits communs équivalente aux 48 bits de poids fort de l'entier à accéder. Une fois une telle entrée trouvée, une deuxième opération de recherche est effectuée au niveau du conteneur associé à l'entrée, de façon similaire à *Roaring bitmap*, en consommant au plus un temps logarithmique lorsque le conteneur est représenté par un tableau dynamique.

2.2.1 L'union de deux *RoaringTwoLevels*

L'union de deux *RoaringTwoLevels* prend deux *RoaringTwoLevels* en entrée et renvoie le résultat dans un nouveau *RoaringTwoLevels*. L'algorithme commence par parcourir les entrées des deux tableaux de premier niveau des deux *RoaringTwoLevels* en entrée. À chaque itération, les valeurs des bits communs de chacune des deux entrées courantes sont comparées. Si les valeurs sont différentes, l'algorithme insère une copie de l'entrée dont les bits communs sont de plus petite valeur et de son conteneur dans le *RoaringTwoLevels* résultant. Ensuite, l'algorithme avance d'une position sur le tableau de premier niveau de l'entrée copiée. Sinon, dans le cas où les valeurs des deux bits communs sont équivalentes, l'algorithme ajoute une nouvelle entrée au tableau de premier niveau du *RoaringTwoLevels* résultant, contenant une valeur de bits communs équivalente à celle des deux entrées comparées, et un nouveau conteneur au deuxième niveau stockant le résultat de l'union des deux conteneurs pointés par chacune des deux entrées. Par la suite, la cardinalité de la nouvelle entrée est calculée et ses bits de cardinalité sont mis à jour. Puis, l'algorithme avance d'une position sur les deux tableaux de premier niveau comparés. Ces opérations continuent jusqu'à avoir complètement parcouru les deux *RoaringTwoLevels* donnés en entrée.

Le temps d'exécution d'une union entre deux *RoaringTwoLevels* dépend, en premier lieu, du temps nécessaire pour parcourir les deux tableaux de premier niveau des deux bitmaps en entrée. Ce qui prend un temps de $\Theta(n_1 + n_2)$, avec deux tableaux de tailles n_1 et n_2. Puis, en second lieu, du temps requis pour effectuer les unions entre conteneurs, qui dépend à son tour du type de conteneur utilisé lors de chaque opération. Pour plus de détails sur les complexités temporelles des opérations d'union entre conteneurs, le lecteur peut consulter les références suivantes : Chambi et al. (2014, 2016).

2.2.2 L'intersection de deux *RoaringTwoLevels*

L'algorithme d'intersection prend deux *RoaringTwoLevels* en entrée et retourne un nouveau *RoaringTwoLevels* en sortie. Tout d'abord, l'algorithme parcourt itérativement les tableaux de premier niveau des deux *RoaringTwoLevels* en entrée. À chaque itération, les valeurs des bits communs des deux entrées courantes sont comparées. Deux cas peuvent être rencontrés. Le premier cas se présente lorsque les valeurs des bits communs des deux entrées sont différentes. Si x_1 représente les bits communs de plus petite valeur, et x_2 ceux de plus grande valeur, alors l'algorithme avance dans le tableau renfermant la valeur x_1 à la recherche d'une entrée située après l'indice de x_1 et qui détient la plus petite valeur de bits communs étant supérieure ou égale à x_2. Cette dernière opération de recherche est réalisée à l'aide d'un algorithme de recherche exponentielle (*galloping*) dans un temps de $O(\log d)$, où d représente la distance traversée par l'algorithme dans le tableau (Bentley et Yao, 1976). Sachant qu'en général $d \ll n$, où n correspond à la taille du tableau, une recherche exponentielle est généralement bien plus efficace qu'une simple recherche binaire.

Par contre, dans les cas où les valeurs des bits communs des deux entrées comparées lors d'une itération sont équivalentes, une opération ET logique est exécutée entre les conteneurs indexés par les deux entrées et le résultat est renvoyé dans un nouveau conteneur. Une nouvelle entrée pointant vers ce dernier et ayant des bits communs de valeur équivalente à celles des deux entrées comparées sera insérée dans le tableau de premier niveau du *RoaringTwoLevels* résultant. L'algorithme avance ensuite d'une position sur les deux tableaux de premier niveau comparés. Ces opérations se poursuivent jusqu'à avoir parcouru l'un des deux tableaux de premier niveau.

Le temps d'exécution de l'algorithme d'intersection dépend du temps nécessaire pour comparer les tableaux de premier niveau des deux *RoaringTwoLevels* fournis en entrée, plus le temps pour calculer les possibles ET logiques entre conteneurs. La première opération s'effectue en un temps de $\Theta(n_1 + n_2)$ au pire des cas, lorsque les deux tableaux doivent être lus au complet avant que l'algorithme ne termine, sachant que n_1 et n_2 représentent le nombre d'entrées dans le premier et le deuxième tableau, respectivement. Au meilleur des cas, un seul parcours direct du plus petit des deux tableaux suffirait pour obtenir le résultat final, consommant, grâce à l'algorithme de recherche exponentielle, un temps de $O(\log(\min(n_1, n_2)))$. Pour ce qui est du deuxième type d'opérations, le temps d'exécution de celui-ci dépend du nombre total de ET logiques calculés entre conteneurs et du type de conteneur impliqué lors de chaque opération (Chambi et al., 2014, 2016).

2.3 LazyRoaring

Le modèle *Roaring bitmap* (Chambi et al., 2014, 2016) a précédemment montré que le fait d'utiliser un tableau de premier niveau dont chaque entrée indexe un conteneur renfermant jusqu'à 2^{16} entiers pouvait permettre d'éviter l'accès à plusieurs conteneurs lors de différents types de traitements effectués sur un *Roaring bitmap*. En s'inspirant de cette idée qui a été avantageuse pour *Roaring bitmap*, on a introduit ce nouveau modèle d'index bitmap compressés supportant jusqu'à 2^{64} entrées. *LazyRoaring* compte trois niveaux. Le premier niveau est un tableau d'entiers de 32 bits, le deuxième niveau est constitué de plusieurs tableaux d'entiers de 16 bits, et le troisième niveau est formé de conteneurs pouvant être représentés avec des tableaux ou des bitmaps comme ceux du modèle Roaring bitmap. Chaque entrée du premier niveau pointe vers un tableau du deuxième niveau. Un tableau du deuxième niveau ne peut être pointé (indexé) que par une seule entrée du premier niveau. Une entrée d'un tableau du deuxième niveau pointe vers un conteneur, et ce dernier ne peut être indexé que par une seule entrée du deuxième niveau.

Un groupe d'entiers de 64 bits partageant les mêmes 32 bits de poids fort sont indexés par une entrée dans le tableau de premier niveau. La valeur des 32 bits de poids fort récurrents est préservée dans l'entrée du premier niveau. Les entiers rassemblés par une entrée de premier niveau sont une deuxième fois indexés par un tableau de deuxième niveau. Ce dernier regroupe dans une même entrée les entiers de 64 bits qui ont les mêmes valeurs de bits au niveau du 33e bit de poids fort jusqu'au 48e bit de poids fort (soit les 16 bits situés juste après les premiers 32 bits de poids fort). La valeur des 16 bits récurrents est préservée dans l'entrée de deuxième niveau. Ainsi, *LazyRoaring* applique deux fois une compression préfixe aux entiers formant un bitmap, respectivement, sur le premier et sur le deuxième niveau de la structure de données. Pour permettre des traitements efficaces sur les deux niveaux d'un *LazyRoaring*, les entiers des tableaux du premier et du deuxième niveau sont maintenus triés dans un ordre croissant. Les 16 bits restants d'un groupe d'entiers de 64 bits indexés par une entrée de deuxième niveau sont conservés dans le conteneur pointé par cette entrée.

2.3.1   Accès aléatoires dans un *LazyRoaring*

Un accès aléatoire à un entier de 64 bits stocké dans un *LazyRoaring*, consiste en un premier temps à faire une recherche binaire sur le tableau du premier niveau afin de trouver une entrée de valeur égale aux 32 bits de poids fort de l'entier à accéder. Cette opération prend un temps de $O(\log n)$, où n fait référence au nombre d'entrées dans le tableau. Après qu'une telle entrée ait été repérée, une deuxième opération de recherche binaire est effectuée sur le tableau de deuxième niveau pointé par cette entrée, dans le but de tomber sur une entrée de deuxième niveau de valeur égale aux 16 bits situés après les 32 bits de poids fort de l'entier recherché. Cette opération s'effectue dans un temps de $O(\log m)$, où m représente le nombre d'entrées dans le tableau de deuxième niveau. Une fois une telle entrée trouvée sur le deuxième niveau, une troisième opération de recherche est réalisée au niveau du conteneur indexé par l'entrée pour trouver une occurrence des 16 bits de poids faible de l'entier à accéder. Le temps d'exécution de cette dernière opération dépend du type de conteneur adopté par l'entrée en question (Chambi et al., 2014, 2016), et qui nécessite, au meilleur cas, un temps constant lorsque le conteneur est représenté par un bitmap et, au pire des cas, d'effectuer une recherche binaire sur le tableau dynamique représentant le conteneur dans un temps de complexité logarithmique par rapport au nombre d'entrées dans le tableau. Par conséquent, si n, m et h représentent les tailles des tableaux de premier, deuxième et troisième niveau, respectivement, un accès aléatoire dans un *LazyRoaring* consommera un temps de $O(\log n + \log m + \log h)$.

2.3.2   L'union de deux *LazyRoarings*

Une opération d'union prend deux *LazyRoarings* en entrée et retourne un nouveau *Lazy-Roaring*. L'algorithme commence par itérer sur les deux tableaux de premier niveau des deux bitmaps afin de comparer les valeurs à 32 bits de leurs entrées. Lors d'une itération, si les valeurs des entrées courantes dans les deux tableaux diffèrent, alors l'algorithme insère une nouvelle entrée dans le tableau de premier niveau du bitmap résultant, qui fait référence à l'entrée de plus petite valeur parmi les deux entrées comparées. Cette insertion est effectuée en copiant seulement le pointeur qui pointe vers la plus petite des deux entrées comparées, évitant ainsi l'allocation d'un nouvel espace mémoire pour stocker une copie du tableau de deuxième niveau et des conteneurs indexés par la plus petite des deux entrées évaluées, permettant au final de réduire les temps de traitements et l'espace mémoire consommés durant une opération d'union. Cette optimisation ressemble à la stratégie *copy-on-write* (Wikipedia, 2015) utilisée par les systèmes d'exploitation. L'algorithme avance ensuite d'une position sur le tableau de premier niveau renfermant la plus petite valeur parmi les deux entrées comparées.

Dans le cas échéant, lorsque les deux entrées de premier niveau comparés lors d'une itération possèdent des entiers de 32 bits équivalents, l'algorithme ajoute une nouvelle entrée dans le premier niveau du bitmap résultant, avant d'avancer d'une position dans les deux tableaux de premier niveau. Cette nouvelle entrée renferme un entier de 32 bits de valeur égale à celle des deux entrées de premier niveau évaluées, et un pointeur vers un nouveau tableau de deuxième niveau obtenu suite à une opération d'union calculée entre les deux tableaux de deuxième niveau indexés par les deux entrées de premier niveau. Cette dernière opération d'union est effectuée de façon similaire à celle réalisée sur le premier niveau d'un *LazyRoaring*, soit en ajoutant une entrée dans le deuxième niveau du bitmap résultant qui contiendra une copie du pointeur de la plus petite des deux entrées de deuxième niveau comparées, lorsque ces deux dernières possèdent des entiers de 16 bits différents pendant une itération, ou en ajoutant une nouvelle entrée de deuxième niveau au bitmap résultant qui contient un entier de 16 bits équivalent à ceux des deux entrées de deuxième niveau courantes, et un pointeur vers un nouveau conteneur résultant de l'union des deux conteneurs indexés par les deux entrées de deuxième niveau comparées. Une union entre deux conteneurs est réalisée de la même façon qu'indiqué dans les papiers introduisant le modèle *Roaring bitmap* (Chambi et al., 2014, 2016). Ces opérations sur le deuxième et le premier niveau se poursuivent jusqu'à avoir entièrement parcouru les deux tableaux de deuxième ou de premier niveau des deux bitmaps à fusionner.

Le temps d'exécution d'une opération d'union entre deux *LazyRoarings* dépend du temps nécessaire pour parcourir les tableaux de premier niveau des deux bitmaps. Ce qui se fait en un temps de $\Theta(n_1 + n_2)$, où n_1 et n_2 représentent, respectivement, le nombre d'entrées dans les deux tableaux de premier niveau. Plus, le temps pour calculer les unions entre les tableaux de deuxième niveau accédés durant l'opération, où chaque union prend un temps de $\Theta(m_1 + m_2)$, avec m_1 et m_2 représentant le nombre d'éléments respectifs des deux tableaux de deuxième niveau traités. Rajouté à cela, le temps nécessaire pour effectuer les possibles unions entre les conteneurs atteints, dont chacune dépend du type des conteneurs utilisés à chaque fois (Chambi et al., 2014, 2016).

2.3.3 L'intersection de deux *LazyRoarings*

Une opération d'intersection prend deux *LazyRoarings* en entrée et retourne un nouveau *LazyRoaring*. L'algorithme commence par itérer sur les tableaux de premier niveau des deux bitmaps afin de comparer leurs valeurs de 32 bits. Si au cours d'une itération, les deux entrées courantes possèdent des valeurs de 32 bits différentes, l'algorithme avance d'une position sur le tableau de premier niveau contenant la plus petite des deux valeurs de 32 bits comparées. Sinon, lorsque les deux entrées courantes renferment des valeurs de 32 bits équivalentes, l'algorithme ajoute une nouvelle entrée de premier niveau au *LazyRoaring* résultant qui contient une valeur de 32 bits équivalente à celle des deux valeurs comparées, et qui pointe vers un nouveau tableau de deuxième niveau obtenu suite au calcul de l'intersection entre les deux tableaux de deuxième niveau indexés par les deux entrées de premier niveau courantes. L'intersection de deux tableaux de deuxième niveau est réalisée d'une façon similaire à celle de deux tableaux de premier niveau, sauf qu'une intersections entre deux conteneurs est calculée lorsque les deux entrées de deuxième niveau évaluées lors d'une itération possèdent les mêmes valeurs de 16 bits. Le résultat de cette dernière intersection se présente sous la forme d'un nouveau conteneur qui sera associé à la nouvelle entrée de deuxième niveau ajoutée dans le *LazyRoaring* résultant. L'intersection sur le premier ou le deuxième niveau continue jusqu'à ce que l'un des deux tableaux traités soit parcouru en entier.

Le temps d'exécution d'une opération d'intersection entre deux *LazyRoarings* dépend, en premier lieu, du temps nécessaire pour comparer les deux tableaux de premier niveau, ce qui se fait dans un temps de $\Theta(n_1 + n_2)$ au pire cas, et en $\Theta(min(n_1, n_2))$ au meilleur cas, où n_1 et n_2 représentent, respectivement, le nombre d'entrées dans le premier et le deuxième tableau. Suivi du temps pour comparer les tableaux de deuxième niveau lors de chaque accès au second niveau du bitmap, où chaque opération de ce type se fait dans un temps de $\Theta(m_1 + m_2)$ au pire cas, et en $\Theta(min(m_1, m_2))$ au meilleur cas, avec deux tableaux de deuxième niveau de tailles respectives, m_1 et m_2. Reste à rajouter en dernier le temps nécessaire pour traiter les possibles intersections entre les conteneurs accédés au troisième niveau, où le temps d'exécution de chaque intersection dépend du type de conteneurs utilisés (Chambi et al., 2014, 2016).

3 Expériences

Les techniques de compression bitmap introduites dans ce chapitre ont été mises en œuvre avec le langage de programmation Java SE 8. Des expériences furent réalisées ensuite pour comparer les performances des nouvelles techniques avec celles d'*OpenBitSet* et d'autres structures de données définies dans l'empaquetage Java.Util : *ArrayList*, *LinkedList*, *Hash-Set* et *TreeSet*. Les expériences ont été réalisées avec l'outil *Java Microbenchmark Harness* (JMH) (Oracle, 2015) et exécutées sur un processeur AMD FX^{TM}-8150 à Huit Cœurs avec une fréquence d'horloge de 3,60 GHz et 32 GB de mémoire RAM. Nous utilisons le serveur JVM à 64 bits d'Oracle sur un système Linux Ubuntu 12.04.1 LTS. Le code source des bancs d'essai et des trois librairies de compression bitmap introduites est librement accessible sur internet : Chambi (2015b,a,d,e,c).

3.1 Données synthétiques

Des expériences ont été conduites sur des bitmaps synthétiques générés en suivant deux types de distributions : uniforme et Zipf (Zipf, 1949), avec des densités d variantes de 10^{-9} à 10^{-4}. Un essai est conduit sur une distribution de probabilités et une densité d données. Deux bitmaps sont aléatoirement générés lors d'un essai. Pour générer un bitmap, un entier $max = 50 \times 10^9$, représentant la valeur maximale possible pour un entier, est initié avant de lancer une suite d'itérations. Le seuil de max et des densités testées ont été fixés à ces valeurs pour des contraintes liées à l'espace mémoire disponible. Lors de chaque itération, un nombre réel a est pseudo-aléatoirement généré depuis l'intervalle [0, 1[. Dans le cas d'une distribution uniforme, l'entier obtenu de $\lfloor a \times max \rfloor$ est ajouté à l'ensemble d'entiers résultant. Tandis que dans le cas d'une distribution de Zipf, l'entier résultant de $\lfloor a^2 \times max \rfloor$ y est inséré, cela a tendance à pousser les entiers générés vers les plus petites valeurs. Colantonio et Di Pietro (2010) ont utilisé les mêmes équations pour obtenir des ensembles d'entiers sur les mêmes distributions. Pour chacune de ces dernières, les itérations se poursuivent jusqu'à l'obtention d'un ensemble de $N = \lfloor d \times max \rfloor$ entiers distincts. Les entiers ainsi obtenus représenteront les positions des bits positifs du bitmap à générer.

Lors d'un essai, les deux bitmaps générés sont représentés avec chaque structure de données à évaluer. Par la suite, nous mesurons le temps moyen nécessaire pour ajouter un bit à 1 à un bitmap et pour calculer l'union et l'intersection de deux bitmaps. Afin de bénéficier de l'optimiseur de code de la JVM, une phase de réchauffement (*warming-up*) qui consiste à exécuter un essai 5 fois sans prise en compte des mesures à prélever est lancée avant chaque test. Ensuite, un test est répété 5 fois avant d'afficher les moyennes des mesures capturées à chaque répétition (Chambi, 2015b). La quantité moyenne de l'espace mémoire requis pour le stockage d'un bitmap avec chaque type de structure de données a été mesurée aussi. Cependant, ces bancs d'essais n'ont pas été réalisés avec JMH, mais ont été implémentés avec un programme Java (Chambi, 2015a).

3.2 Résultats et analyses

Les figures 1b et 1c montrent les temps CPU moyens consommés par les structures de données pour calculer l'intersection de deux ensembles d'entiers de 64 bits. Sachant que la structure *OpenBitSet* et les collections Java ne proposent que des algorithmes d'intersection à caractère en place (*in-place*), on commence, pour calculer une intersection entre deux de ces structures de données, par copier la première structure en entrée, puis on effectue une intersection en place entre la copie obtenue et la deuxième structure de données en entrée. La méthode *retainAll* a été utilisée pour calculer l'intersection dans le cas des collections Java, et la méthode *and* est utilisée dans le cas d'*OpenBitSet*.

Les graphiques ont montré des résultats presque similaires sur les deux distributions. Les temps de traitements croissent linéairement avec le nombre des entiers contenus dans les deux ensembles fusionnés, sauf pour *OpenBitSet* dont les performances restent stables sur les différentes densités. Sur de très faible densités (entre 10^{-9} à 10^{-7}), *OpenBitSet* affiche les plus faibles performances (entre ≈ 6 millions et ≈ 57 fois plus lent que les 3 nouvelles méthodes de compression bitmap). Ceci est essentiellement dû à son grand volume qui induit un nombre important d'opérations d'allocation de nouveaux espaces mémoires comparé au reste des structures de données.

Les temps d'exécution des deux structures Java *ArrayList* et *LinkedList* sont aussi très lents et croissent vite à cause de la complexité temporelle quadratique par rapport à la taille des deux ensembles en entrée qu'elles consomment pour réaliser une opération d'intersection. Leurs performances deviennent plus pires que celles d'*OpenBitSet* après la densité 10^{-6}. Les deux structures Java, *HashSet* et *TreeSet*, affichent des résultats presque équivalents à ceux des deux précédentes collections Java sur la plus faible densité testée (10^{-9}), mais croissent moins vite sur des densités de plus en plus fortes, avec la structure *HashSet* qui reste toujours plus rapide qu'un *TreeSet*. Cette observation revient aux complexités temporelles d'une opération d'intersection avec chaque structure de données, qui est de $\Theta(n_1)$ dans le cas d'une *HashSet* et de $O(n_1 \log n_2)$ pour la *TreeSet*, où n_1 représente le nombre d'éléments dans le premier ensemble et n_2 le nombre d'éléments du second.

Les trois nouvelles techniques de compression bitmap introduites affichent les meilleures performances sur toutes les densités testées, en étant jusqu'à ≈ 6 millions de fois plus rapides qu'*OpenBitSet*, jusqu'à $\approx$ soixante-trois milles fois plus efficaces que les deux structures *ArrayList* et *LinkedList* et jusqu'à ≈ 6 fois plus performantes que les collections Java *HashSet* et *TreeSet*. Les trois techniques affichent des performances presque similaires sur toutes les densités. Sur les faibles densités, les bitmaps introduits ne possèdent en général que très peu d'entiers partageant les mêmes 48 bits de poids fort, et le temps d'exécution dans ces cas est largement dominé par les comparaisons effectuées sur les hauts niveaux des trois modèles. Possédant la structure haut niveau la plus simple parmi les trois modèles, qui consiste en un simple tableau, *RoaringTwoLevels* affichent les meilleurs résultats sur ces densités-là, en étant jusqu'à $\approx 1,32$ fois et jusqu'à $\approx 1,62$ fois plus rapide que *LazyRoaring* et *RoaringTreeMap*, respectivement. Il est suivi de près par *LazyRoaring*, qui utilise des tableaux sur les hauts niveaux ce

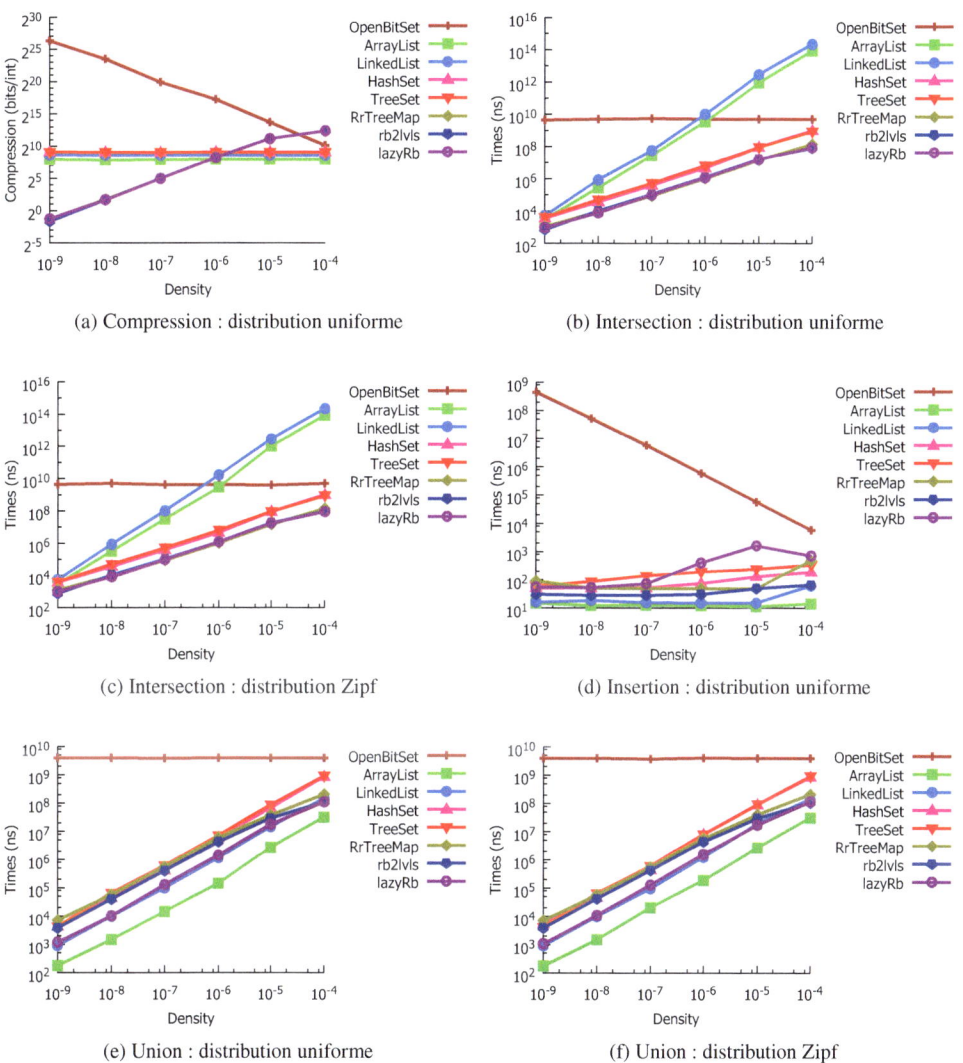

(a) Compression : distribution uniforme

(b) Intersection : distribution uniforme

(c) Intersection : distribution Zipf

(d) Insertion : distribution uniforme

(e) Union : distribution uniforme

(f) Union : distribution Zipf

FIG. 1: Compression et temps d'exécution

qui permet d'organiser les données dans un espace contigu en mémoire centrale, causant ainsi moins de défauts de cache (*caches misses*) induisant moins de transfert de données entre le CPU et la mémoire RAM lors des calculs, comparé aux nœuds, stockés de façon dispersée en mémoire principale, de *RoaringTreeMap* adoptés sur le plus haut niveau.

Les figures 1e et 1f montrent les temps moyens pour calculer l'union de deux bitmaps avec chacune des structures de données évaluées dans ces essais. Tout comme pour l'intersection, dans le cas d'*OpenBitSet* et des collections Java, on commence par créer une copie du premier ensemble en entrée, puis on calcule une union en place entre la copie obtenue et le deuxième ensemble en entrée. La méthode *addAll* a été utilisée pour calculer l'union dans les cas des collections Java, et la méthode *or* est utilisée pour *OpenBitSet*. Les résultats obtenus sont presque identiques sur les deux types de distributions de données testées. Le temps d'exécution d'une union avec chacune des trois nouvelles techniques de compression bitmap est essentiellement dominé par les temps passés à copier les entrées de haut niveau et des conteneurs depuis les bitmaps introduits en entrée vers le bitmap résultant. Étant donné que *LazyRoaring* applique une stratégie *copy-on-write* qui élimine plusieurs opérations de copie d'objets lors des calculs, cette technique a montré les meilleurs résultats parmi les trois formats proposés sur les deux distributions de données, en étant jusqu'à ≈ 6 fois plus rapide que *RoaringTreeMap* et ≈ 3 fois plus performante que *RoaringTwoLevels*. Ce dernier devance jusqu'à ≈ 2 fois *RoaringTreeMap* du fait qu'il n'utilise qu'un seul niveau d'indexation au-dessus des conteneurs, lui permettant ainsi de réduire le nombre des opérations d'allocation de nouveaux espaces mémoire utiles pour copier les hauts niveaux de la structure.

Comparé à *OpenBitSet*, les trois nouvelles techniques de compression bitmap affichent de remarquables performances, allant de ≈ 3 millions de fois à ≈ 34 fois plus vite. La contre-performance d'*OpenBitSet* est essentiellement causée par le taux excessif d'allocation de nouveaux espaces mémoires. Les deux structures de données *ArrayList* et *LinkedList* ont la même complexité linéaire de $\Theta(n_1 + n_2)$ pour calculer une union entre deux ensembles d'entiers de tailles n_1 et n_2. Toutefois, dans ces tests, la structure *ArrayList* est entre ≈ 5 à ≈ 8 fois plus rapide que la *LinkedList* sur toutes les densités. Ces deux structures de données prennent moins de temps que les trois nouveaux modèles de compression bitmap sur presque toutes les densités, du fait qu'elles n'effectuent pas de travail supplémentaire pour préserver l'ordre des éléments dans l'ensemble résultant. Cependant, les deux modèles de compression bitmap *RoaringTwoLevels* et *LazyRoaring* dépassent de peu la *LinkedList*, de $\approx 1, 32$ fois pour la première et de $\approx 1, 26$ fois pour la seconde, sur les plus fortes densités ($d = 10^{-4}$).

Les deux collections Java, *HashSet* et *TreeSet*, se suivent de près, mais la *HashSet* affiche de meilleures performances que la *TreeSet* grâce à ses insertions qui se font chacune dans un temps constant, contrairement au temps logarithmique requis pour un *TreeSet*. De ce fait, une union entre deux ensembles de tailles n_1 et n_2, respectivement, se fait en un temps de $\Theta(n_1 + n_2)$ avec la structure *HashSet*, et en $O(n_1 + n_2 \log(n_1))$ avec la structure *TreeSet*. Cependant, ces deux dernières structures de données consomment plus de temps qu'une *ArrayList* ou une *LinkedList* pour opérer une union entre deux ensembles d'entiers.

La figure 1d montre le temps moyen que prend chaque structure de données pour insérer un nouvel entier positif e à un ensemble d'entiers S, telle que $\forall x \in S : e > x$. Après avoir aléatoirement généré un ensemble de N entiers distincts, on calcule le temps moyen que consomme chaque structure pour insérer chacun des N éléments. Les résultats sur les deux types de distributions sont semblables.

Parmi les trois nouveaux modèles, *RoaringTwoLevels* affiche les meilleures performances, en étant jusqu'à ≈ 31 fois et jusqu'à ≈ 11 fois plus rapide que *LazyRoaring* et *RoaringTreeMap*, respectivement. Cela s'explique par le fait que cette structure n'exécute une recherche binaire que sur un seul niveau d'indexation pour trouver le conteneur dans lequel insérer les bits de poids faible de l'entier ou pour en créer un nouveau conteneur, contrairement aux deux autres structures de données qui nécessitent de faire une recherche binaire sur deux niveaux d'indexation avant d'atteindre le niveau conteneur. Sur les plus faibles densités, *LazyRoaring* et un peu plus rapide que *RoaringTreeMap*, car beaucoup d'instanciations de nouveaux objets sont faites sur le plus haut niveau des deux structures, où *RoaringTreeMap* recense un peu plus d'objets. Tandis que sur les fortes densités, les allocations sont généralement effectuées sur le deuxième niveau des deux structures, dans lequel *LazyRoaring* possède un peu plus d'objets à créer que *RoaringTreeMap*, ce qui le pousse à être plus lent sur ces densités.

Bien qu'*OpenBitSet* effectue une insertion en temps constants, cette structure est jusqu'à 14 millions de fois plus lente que les trois nouvelles techniques sur les faibles densités. Cela revient au grand taux d'allocation de nouveaux espaces mémoires qu'effectue cette structure pour peupler des bitmaps peu denses. Plus les densités augmentent, plus les opérations d'allocations diminuent et les temps d'*OpenBitSet* s'améliorent.

Avec des insertions en temps de $O(1)$ pour la *LinkedList* et en temps amorti constant pour la *ArrayList*, qui n'allouent pas d'importantes quantités d'espaces mémoires, ces deux structures affichent les meilleures performances sur ces essais. Bien que la collection Java *HashSet* effectue des insertions en temps constants également, elle reste néanmoins plus lente que les deux structures de données précédentes. La *TreeSet* affiche des temps de réponse un peu plus lents que ceux de la *HashSet* en raison du nombre de comparaisons à faire dans l'arbre avant de trouver la position à laquelle insérer le nouvel entier, qui est de l'ordre de $O(\log n)$ sur un arbre à n nœuds.

La figure 1a rapporte le nombre moyen de bits utilisés par chaque structure de données pour représenter un entier de 64 bits sur une distribution de données uniforme. Des performances équivalentes ont été observées sur une distribution Zipf. Les trois modèles de compression bitmap introduits affichent des performances similaires sur toutes les densités, variant de $\approx 0,3$ bit/entier à ≈ 5225 bits/entier. Sur les faibles densités, la structure *OpenBitSet* est jusqu'à ≈ 300 millions de fois plus volumineuse que les trois nouvelles techniques de compression bitmap pour représenter un entier de 64 bits. Cela revient à l'absence de méthode de compression de bits à 0 au sein d'*OpenBitSet*, ce qui le pousse à devoir allouer un tableau environnant les 6 GB d'espace mémoire pour représenter un entier de 64 bits de valeur proche à max. Cependant, plus les densités augmentent plus les performances d'*OpenBitset* s'améliorent, jusqu'à devenir plus compact que les trois nouveaux modèles de compression bitmap sur les plus fortes densités. Les collections Java affichent des performances stables sur toutes les densités étudiées. Mais, également pour des raisons d'absence de compression, ces structures consomment jusqu'à ≈ 1800 fois plus d'espace mémoire comparé aux trois techniques de compression bitmap sur les faibles densités.

Les meilleurs résultats pour les trois nouveaux modèles de compression bitmap ont été obtenus sur des bitmaps de faibles densités. En augmentant les densités, les surcoûts imposés par les index de haut niveau des trois techniques prennent de plus en plus d'ampleur provoquant la croissance de la quantité d'espace mémoire allouée par chaque modèle jusqu'à dépasser, après la densité 10^{-6}, celles requises par le reste des structures de données (consommant jusqu'à

≈ 22 fois plus d'espace que les collections Java à la densité 10^{-4}).

4 Conclusion

Ce travail a introduit trois nouveaux modèles d'index bitmap compressés supportant jusqu'à 2^{64} entrées. Des expériences sur des données synthétiques générées avec deux types de distributions, uniforme et Zipf, ont montré des résultats allant jusqu'à ≈ 6 millions de fois et jusqu'à ≈ 63 milles fois plus vite que la solution *OpenBitset*, adoptée au sein du moteur de recherche Apache Lucene, et de collections Java, respectivement, lors de calculs d'intersections entre bitmaps. Aussi, des performances de près de ≈ 3 millions de fois plus efficaces que celles d'*OpenBitSet* ont été observées lors d'essais évaluant les temps d'exécution d'opérations d'unions entre bitmaps. *OpenBitSet* a été également jusqu'à ≈ 14 millions de fois plus lent pour insérer un entier généré aléatoirement par rapport aux trois solutions proposées. Ces trois dernières ont été ≈ 300 millions de fois et ≈ 1800 fois plus compactes en matière d'occupation d'espace mémoire comparé à *OpenBitSet* et les collections Java, respectivement.

Les trois techniques proposées ont montré une consommation d'espace mémoire et des temps pour calculer l'intersection de deux bitmaps assez similaires sur toutes les densités testées. Avec son format simple adoptant un unique niveau d'indexation, *RoaringTwoLevels* a montré les meilleures performances en ce qui s'agit de l'insertion de nouveaux entiers de 64 bits ordonnés par ordre croissant. Plus précisément, *RoaringTwoLevels* a inséré jusqu'à ≈ 31 fois et jusqu'à ≈ 11 fois plus rapidement des entiers par rapport à *LazyRoaring* et *RoaringTreeMap*, respectivement. Avec sa stratégie *copy-on-write*, qui élimine des opérations de copies d'objets durant les calculs d'unions, *LazyRoaring* a été le plus efficace parmi les trois modèles, en étant jusqu'à ≈ 6 fois et jusqu'à ≈ 3 fois plus performant que *RoaringTreeMap* et *RoaringTwoLevels*, respectivement. En revanche, *RoaringTreeMap* reste la technique la plus simple à mettre en œuvre.

Pour les travaux futurs, bien que peut rencontrées dans la réalité, nous envisageons d'étudier les performances des trois nouveaux modèles de compression bitmap sur des densités très fortes, non abordées lors des essais précédents. Comme il est envisagé également de réaliser des essais sur de gros ensembles de données réelles (50 Téraoctets et plus) tirées du *Star Schema Benchmark* (O'Neil et al., 2009).

Références

Apache (2010). OpenBitSet. `https://lucene.apache.org/core/3_0_3/api/core/org/apache/lucene/util/OpenBitSet.html`.

Apache (2012). Apache Lucene. `http://lucene.apache.org/core/`.

Bentley, J. L. et A. C. Yao (1976). An almost optimal algorithm for unbounded searching. *Information Processing Letters 5*(3), 82 – 87.

Chambi, S. (2015a). Benchmarking space consumptions for 64–bit bitmap compression schemes. `https://bitbucket.org/samytto/datastructures64-bitints/src/432c0bce7ca3be7ff457e8a7cd7e4cf2e48a69c0/src/Main.java?at=master&fileviewer=file-view-default`.

Chambi, S. (2015b). Benchmarking time measurements for 64–bit bitmap compression schemes with JMH. `https://bitbucket.org/samytto/datastructures64-bitints/src/432c0bce7ca3/test/src/main/java/microbenchmarks/?at=master`.

Chambi, S. (2015c). LazyRaoring's scheme code. `https://bitbucket.org/samytto/lazyroaring64-bits`.

Chambi, S. (2015d). RaoringTreeMap's scheme code. `https://bitbucket.org/samytto/roaringtreemap/overview`.

Chambi, S. (2015e). RaoringTwoLevels' scheme code. `https://bitbucket.org/samytto/roaring64bits2levels`.

Chambi, S., D. Lemire, R. Godin, et O. Kaser (2014). Roaring bitmap : un nouveau modèle de compression bitmap. In *10e journèes francophones sur les Entrepôts de Donnèes et l'Analyse en Ligne (EDA'14)*, Volume 27(2), Vichy, France, pp. 37–50. RNTI.

Chambi, S., D. Lemire, K. Owen, et R. Godin (2016). Better bitmap performance with Roaring bitmaps. *Software : Practice and Experience (SPE) 46*(5), 709–719.

Colantonio, A. (2010). ConciseSet code. `http://ricerca.mat.uniroma3.it/users/colanton/publications.html`.

Colantonio, A. et R. Di Pietro (2010). Concise: Compressed 'n' composable integer set. *Information Processing Letters 110*(16), 644–650.

Cormen, T. H., C. Stein, R. L. Rivest, et C. E. Leiserson (2001). *Introduction to Algorithms* (2nd ed.). McGraw-Hill Higher Education.

Lemire, D. et O. Kaser (2010). JavaEWAH. `https://github.com/lemire/javaewah`.

Lemire, D., O. Kaser, et K. Aouiche (2010). Sorting improves word-aligned bitmap indexes. *Data & Knowledge Engineering 69*(1), 3–28.

O'Neil, P., E. O'Neil, X. Chen, et S. Revilak (2009). The star schema benchmark and augmented fact table indexing. In *First TPC Technology Conference on Performance Evaluation and Benchmarking (TPCTC 2009)*, Lyon, France, pp. 237–252. Springer.

Oracle (2015). Java Microbenchmark Harness. `http://openjdk.java.net/projects/code-tools/jmh/`.

Richard Benjamins, V. (2014). Big data: from hype to reality? In *The 4th International Conference on Web Intelligence, Mining and Semantics (WIMS14)*, WIMS '14, New York, NY, USA, pp. 1–2. ACM.

Roaring's team (2014). Roaring bitmap. `http://roaringbitmap.org/`.

Wikipedia (2015). Copy-on-write. `https://en.wikipedia.org/wiki/Copy-on-write`.

Wu, K., E. Otoo, et A. Shoshani (2006). Optimizing bitmap indices with efficient compression. *ACM Transactions on Database Systems (TODS) 31*(1), 1–38.

Zipf, G. (1949). Human behavior and the principle of least effort. *Addison–Wesley*.

Une architecture orientée services pour l'OLAP Spatial

Sandro Bimonte*, Ali Hassan*, Philippe Beaune**

*Irstea, TSCF
24, av. Blaise Pascale, 63172 Aubière, France
{sandro.bimonte, ali.hassan}@irstea.fr
**Agaetis
10 Rue Evariste Galois, 63000 Clermont-Ferrand, France
pbeaune@agaetis.fr

Résumé. Un système OLAP Spatial (SOLAP) vise à analyser interactivement les données géoréférencées. Il permet aux décideurs d'explorer et de visualiser les entrepôts de données spatiales en utilisant des tables multidimensionnelles « pivot table » et d'affichage cartographique des faits sur des cartes interactives. Dans cet article, nous présentons un prototype pour la visualisation cartographique des requêtes SOLAP. Ce prototype se base sur une architecture orientée services (SOA). Dans ce prototype, le client SOLAP est totalement basé sur des représentations de données standard et des services web de visualisation cartographique.

1   Introduction

Étant donné que les systèmes OLAP ne permettent pas d'intégrer les données spatiales dans le processus d'analyse et d'exploration multidimensionnelles, les systèmes Spatial OLAP (SOLAP) ont été introduits (Bédard et al., 2006). Ils intègrent les fonctionnalités OLAP et des Systèmes d'Information Géographique (SIGs) dans un cadre unique afin de profiter des capacités d'analyse associées aux données spatiales. Les attributs géométriques des données géographiques permettent une représentation cartographique (en plus de la table multidimensionnelle) des résultats des requêtes SOLAP. Les cartes interactives sont les principaux instruments utilisés pour l'analyse de données spatio-temporelles (Andrienko et al., 2003). Les clients SOLAP permettent d'effectuer les opérations OLAP par de simples interactions de l'utilisateur avec les cartes (Bimonte, 2010). Les représentations tabulaire et cartographique sont synchronisées (Rivest et al., 2005). Autrement dit, une action (par exemple, un drill-down ou un roll-up) sur un composant se propage aux autres composants.

Les entrepôts de données spatiales (EDSs) et les systèmes SOLAP sont généralement implémentés en utilisant une architecture relationnelle à plusieurs niveaux. Le premier niveau est l'EDS, qui est généralement mis en œuvre en utilisant un SGBD spatial pour représenter les mesures et les dimensions (Kimball, 1996). Le deuxième niveau est le serveur SOLAP qui met en œuvre le modèle spatio-multidimensionnel et les opérateurs SOLAP. Le troisième niveau est le client SOLAP qui permet de visualiser les requêtes SOLAP.

Dans cette architecture complexe, les services web jouent un rôle crucial. Une architecture orientée services (SOA) est un modèle de conception où chaque niveau est défini par un ensemble de services web (Bell, 2010). Un des avantages les plus importants de la SOA est l'interopérabilité entre les différents outils sans programmation supplémentaire. Dans le contexte des systèmes OLAP, XMLA « XML for Analysis » permet l'utilisation d'outils OLAP dans un environnement SOA en représentant les tables multidimensionnelles résultant des requêtes OLAP, ce qui permet d'échanger les données entre le serveur OLAP et le client OLAP.

Dans cet article, nous présentons un prototype pour mettre en œuvre une solution SOA afin de visualiser les résultats des requêtes SOLAP. Comme le SOLAP est une extension spatiale d'OLAP, nous proposons donc de suivre la même stratégie utilisée dans le contexte OLAP :

— l'utilisation d'une architecture relationnelle à plusieurs niveaux ;
— l'utilisation des modèles de données standard, tels que XMLA pour représenter le résultat d'une requête comme un tableau et GML et SLD pour représenter les données spatiales et leurs styles d'affichage lors de l'utilisation des services web.

Cet article est organisé comme suit. La section 2 présente l'état de l'art. La section 3 présente notre cas d'étude. Puis nous présentons l'architecture de notre prototype (section 4).

2   État de l'art

Peu de travaux étudient l'utilisation des services web pour les systèmes SOLAP. Un état de l'art détaillé est présenté dans (Bimonte, 2014). (Dubé et al., 2009) proposent un modèle XML pour l'échange des cubes de données SOLAP. Ce format XML peut être utilisé dans le développement de services web adaptés à diverses situations. (Silva et al., 2005) présente un framework de services web pour le traitement des données géographique et multidimensionnel. L'objectif principal de ce travail est d'utiliser des technologies standardisées tels que les services web, Java et XML. (Golfarelli et al., 2013) ont présenté une architecture SOA basée sur Map Server et Oracle, mais la présentation cartographique des résultats des requêtes SOLAP est fournie par une API Java ad hoc. Pour conclure, les travaux existants adoptent partiellement l'approche SOA car la visualisation cartographique pour les résultats des requêtes SOLAP n'est pas implémentée en utilisant des services web.

3   Cas d'étude

Nous utilisons un exemple d'EDS chargé en utilisant des données ouvertes de la FAO (Food and Agriculture Organization of the United Nations) (FAO, 2016). La Figure 1 illustre le schéma spatio-multidimensionnel de cet exemple en utilisant le profil UML présenté dans (Boulil et al., 2015). Ce modèle comprend une dimension temporelle « Time », une dimension spatiale « Location », une dimension représentant les cultures « Crops » et deux mesures numériques représentant la surface cultivée « surface » et la production agricole « production ». Les dimensions spatiale et temporelle ont des hiérarchies regroupant les pays dans des zones, et les années par décennies.

Notre prototype doit prend en charge les besoins de visualisation cartographique différents pour répondre à plusieurs types de requêtes SOLAP, comme par exemple : *la surface culti-*

vée pour chaque zone et ses pays en 2015. Le prototype se base sur un modèle de données générique pour la visualisation cartographique des requêtes SOLAP (Bimonte, 2014).

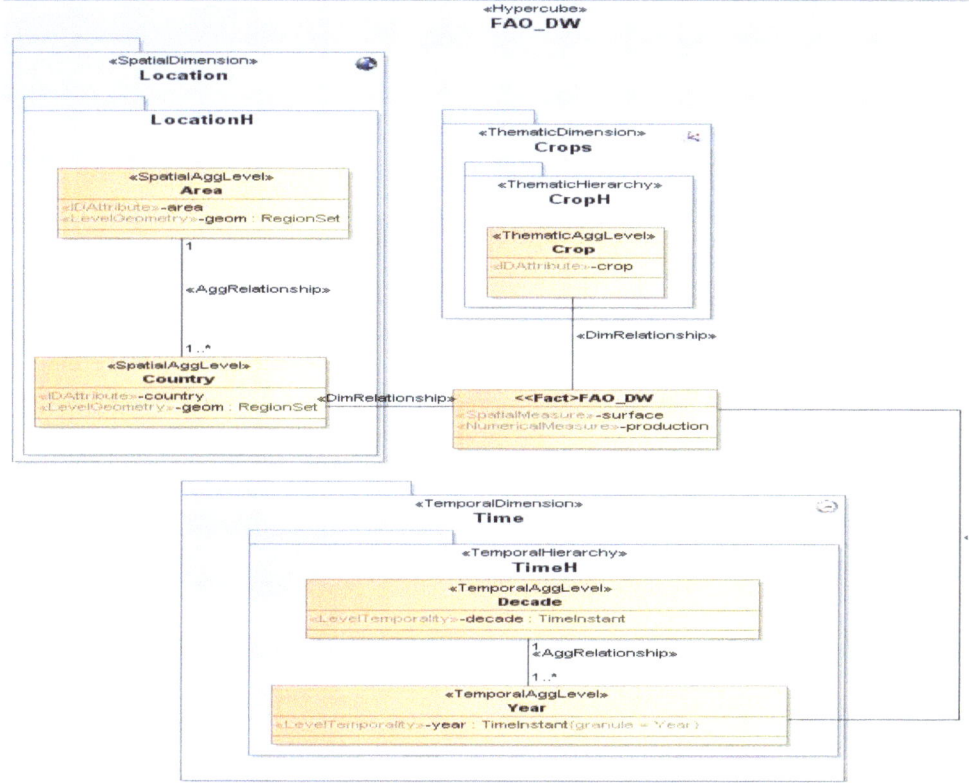

FIG. 1 – *Entrepôt de données spatiales de FAO (FAO, 2016).*

4   L'architecture du prototype

L'idée principale de l'implémentation de notre prototype est d'utiliser une architecture totalement basée sur les standards SLD et GML (qui sont utilisés par les services web cartographiques standard), et XMLA (représentant le résultat d'une requête dans la table multidimensionnelle). C'est pourquoi nous fournissons un traducteur automatique de XMLA en SLD-GML.

Un « Styled Layer Descriptor » (SLD) est un schéma XML qui décrit le style des couches de carte, tandis que « Geography Markup Language » (GML) permet d'exprimer des caractéristiques géographiques. GML permet de représenter tous les types spatiaux (e.g. point, ligne, polygone, etc.). Une utilisation typique de SLD est destinée aux WMS « Web Map Service » pour que ces derniers puissent interpréter efficacement une couche de donnée spécifique. Donc, nous utilisons donc GML pour représenter les données spatiales, et SLD pour son apparence.

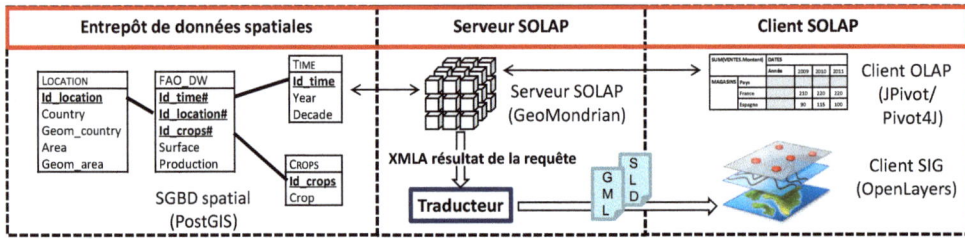

FIG. 2 – *l'architecture du prototype.*

L'idée principale de notre traducteur de XMLA en SLD-GML (Figure 2) consiste à analyser le fichier XMLA représentant le résultat de la requête SOLAP et générer un fichier xml composé des mesures requises dans la requête. Ce fichier xml contient, pour chaque mesure, son nom, sa valeur et les données spatiales correspondantes. Une fois le fichier des mesures généré, il est utilisé pour générer à la fois les fichiers GML et SLD, qui contiennent les données spatiales et le style qui sera appliqué respectivement.

```
:gml:featureMember>
  <topp:newpointsres1 fid="newpointsres1.1">
    <topp:ID>0</topp:ID>
    <topp:ind_2011_Production_Quantity>1.13071184E8</topp:ind_20
    <topp:nom>Eastern Europe</topp:nom>
    <topp:the_geom>
      <gml:MultiPolygon>
        <gml:polygonMember>
          <gml:Polygon>
            <gml:outerBoundaryIs>
              <gml:LinearRing>
                <gml:coordinates decimal="." cs="," ts=" ">22.67:
              </gml:LinearRing>
            </gml:outerBoundaryIs>
          </gml:Polygon>
        </gml:polygonMember>
        <gml:polygonMember>
          <gml:Polygon>
            <gml:outerBoundaryIs>
              <gml:LinearRing>
                <gml:coordinates decimal="." cs="," ts=" ">23.03
              </gml:LinearRing>
            </gml:outerBoundaryIs>
          </gml:Polygon>
        </gml:polygonMember>
        <gml:polygonMember>
          <gml:Polygon>
            <gml:outerBoundaryIs>
```

```
<Rule>
  <ogc:Filter>
    <ogc:PropertyIsLessThan>
      <ogc:PropertyName>ind_2011_Production_Quanti
      <ogc:Literal>37867419</ogc:Literal>
    </ogc:PropertyIsLessThan>
  </ogc:Filter>
  <PointSymbolizer>
    <Graphic>
      <Mark>
        <WellKnownName>circle</WellKnownName>
        <Fill>
          <CssParameter name="fill">#FFFFFF</CssPa
          <CssParameter name="fill-opacity">0.0</C
        </Fill>
      </Mark>
      <Size>6</Size>
    </Graphic>
  </PointSymbolizer>
  <PolygonSymbolizer>
    <Fill>
      <CssParameter name="fill">#FFFFFF</CssParamet
    </Fill>
    <Stroke>
      <CssParameter name="stroke">#000000</CssParai
    </Stroke>
  </PolygonSymbolizer>
</Rule>
```

(a) Extrait du fichier GML   (b) Extrait du fichier SLD

FIG. 3 – *Extrait des fichiers GML et SLD.*

Le fichier GML contient plusieurs balises qui sont des attributs des données spatiales (id, nom, valeur, coordonnées, etc.) (Figure 3 (a)). Le fichier SLD contient des règles qui précisent dans quel cas, un style spécifique doit être appliqué à des données spatiales (Figure 3 (b)). Par exemple, l'utilisation de la couleur rouge lorsqu'une valeur est supérieure à seuil précis. Dans ce travail, nous avons mis en place de cartes choroplèthes. Toute autre implémentation de visualisation peut être facilement définie en utilisant un nouveau modèle SLD sans aucun impact sur les systèmes SOLAP et SIG utilisés.

L'architecture de notre prototype est composée de trois niveaux : l'entrepôt de données spatiales, le serveur SOLAP et le client SOLAP (Figure 2)

L'entrepôt de données spatiales (EDS) est réalisé en utilisant PostGIS qui est un SGBD spatial. Ce niveau est le responsable du stockage des données multidimensionnelles alphanumériques et spatiales. Ici, les données sont modélisées selon la méthode R-OLAP classique (Kimball, 1996) où les faits et les dimensions sont traduits au niveau logique sous la forme de relations. La Figure 2 (à gauche) représente le modèle logique basé sur le modèle conceptuel de la Figure 1. Ce modèle relationnel est une solution standard pour tous les serveurs OLAP, ce qui signifie que tous les SGBDs spatiaux pourraient éventuellement être utilisés.

Le Serveur SOLAP est le responsable de la mise en œuvre des opérateurs SOLAP pour calculer et naviguer au sein des cubes de données spatiales. Ces cubes de données sont représentés par un schéma SOLAP qui définit une correspondance entre les concepts de cube de données spatiales (dimensions, hiérarchies, mesures, etc.) et le schéma relationnel (tables et colonnes utilisées pour représenter les faits et les dimensions). Dans notre prototype, le serveur SOLAP utilisé est GeoMondrian. GeoMondrian implémente le XMLA. Il est important de souligner que tous les serveurs SOLAP compatibles avec XMLA peuvent être utilisés sans aucun effort de programmation supplémentaire.

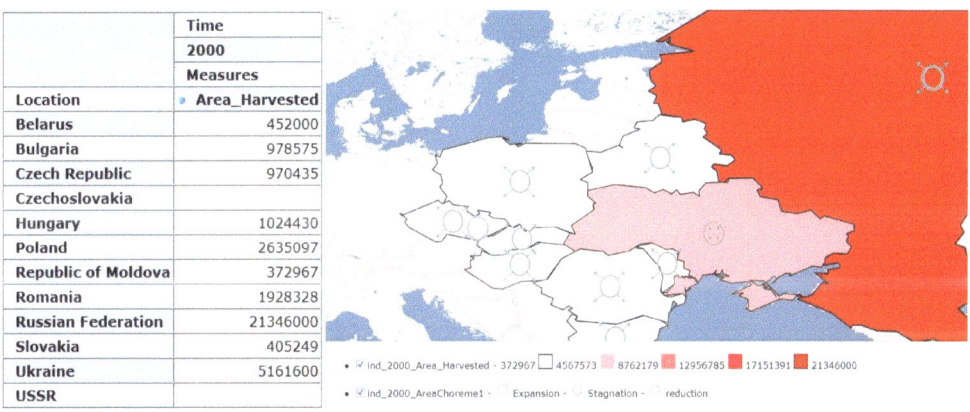

FIG. 4 – *Le client SOLAP (avec le client OLAP JPivot).*

Le client SOLAP est composé d'un client OLAP et un client SIG en utilisant des services web standards.

— Le client OLAP est le responsable de la visualisation tabulaire de données en utilisant XMLA. Dans notre prototype, pour montrer l'interopérabilité entre les différents outils, nous utilisons deux clients OLAP (JPivot ou Pivot4J) qui permettent de déclencher les opérateurs OLAP par une simple interaction avec la table multidimensionnelle. JPivot et Pivot4J supportent MDX et XMLA ;

— Le client SIG est le responsable de la visualisation cartographique. Cette visualisation est implémentée dans notre prototype par le client web OpenLayers. Puisque les fi-

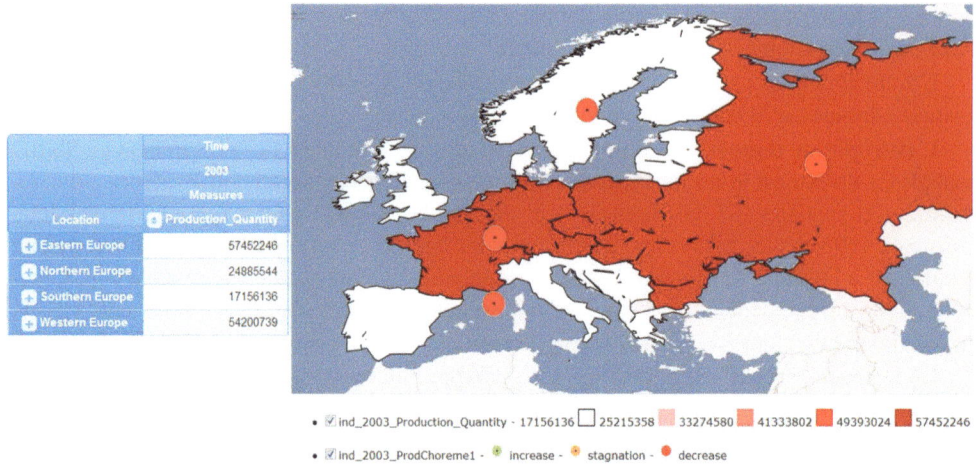

• ☑ ind_2003_Production_Quantity - 17156136 ☐ 25215358 ▨ 33274580 ▧ 41333802 ▨ 49393024 ▨ 57452246

• ☑ ind_2003_ProdChoreme1 - ● increase - ● stagnation - ● decrease

FIG. 5 – *Le client SOLAP (avec le client OLAP Pivot4J).*

chiers SLD et GML générés après l'exécution d'une requête sont envoyés directement à OpenLayers, le résultat de la requête peut être affiché en même temps en utilisant JPivot/Pivot4J et OpenLayers (Figure 4 et Figure 5).

JPivot/Pivot4J et OpenLayers peuvent être simplement remplacés par d'autres clients OLAP et SIG compatibles avec XMLA et WMS sans aucun effort de programmation supplémentaire.

Des exemples d'utilisation de notre outil avec le client OLAP (JPivot) sont disponibles ici : https://www.youtube.com/watch?v=srx0Hm7BPkw et https://www.youtube.com/watch?v=iy_rnUkDlr0. Un autre exemple d'utilisation de notre outil avec le client OLAP (Pivot4J) est disponible ici : https://www.youtube.com/watch?v=rxl9ONz0A1I

5   Conclusion

Dans cet article nous avons présenté un prototype SOLAP qui s'appuie sur une approche standard pour la mise en œuvre d'une solution SOA afin de visualiser les résultats des requêtes SOLAP. Ce prototype se base sur un modèle de données générique pour la visualisation carto-graphique des requêtes SOLAP (Bimonte, 2014). Dans ce prototype, le client SOLAP repose entièrement sur les représentations de données standard (par exemple, XMLA, SLD, etc.) et les services web de la visualisation cartographiques (XMLA, WMS, etc.). Cette architecture SOA permet l'utilisation de tous les outils d'OLAP et de SIG compatibles avec XMLA et SLD respectivement. En outre, les politiques de visualisation cartographique des résultats SOLAP peuvent être facilement modifiées et adaptées à certains domaines d'application ou décideurs. Notre proposition de SOA est validée dans une architecture OLAP relationnelle classique en utilisant PostGIS, GeoMondrian, JPivot/Pivot4J et OpenLayers.

Remerciement

Ce travail a été financé par le projet Captiven d'Irstea dans le cadre de l'ANR 11- CNRT-0003 programme « investissements d'Avenir » valorisation PME.

Références

Andrienko, N., G. Andrienko, et P. Gatalsky (2003). Exploratory spatio-temporal visualization : an analytical review. *Journal of Visual Languages & Computing 14*(6), 503–541.

Bédard, Y., S. Rivest, et M. josée Proulx (2006). Spatial on-line analytical processing (solap) : Concepts, architectures, and solutions from a geomatics engineering perspective. *Data Warehouses and OLAP : Concepts, Architecture, and Solutions 14*, 298–319.

Bell, M. (2010). *SOA Modeling Patterns for Service Oriented Discovery and Analysis*. Wiley Publishing.

Bimonte, S. (2010). A web-based tool for spatio-multidimensional analysis of geographic and complex data. *IJAEIS 1*(2), 42–67.

Bimonte, S. (2014). A generic geovisualization model for spatial OLAP and its implementation in a standards-based architecture. *Ingénierie des Systèmes d'Information 19*(5), 97–118.

Boulil, K., S. Bimonte, et F. Pinet (2015). Conceptual model for spatial data cubes : A UML profile and its automatic implementation. *Computer Standards & Interfaces 38*, 113–132.

Dubé, E., T. Badard, et Y. Bédard (2009). XML encoding and web services for spatial OLAP data cube exchange : an SOA approach. *CIT 17*(4), 347–358.

FAO (2016). *http ://data.fao.org/statistics*.

Golfarelli, M., M. Mantovani, F. Ravaldi, et S. Rizzi (2013). Lily : A geo-enhanced library for location intelligence. *DaWaK 8057*, 72–83.

Kimball, R. (1996). *The Data Warehouse Toolkit: Practical Techniques for Building Dimensional Data Warehouses*. John Wiley & Sons.

Rivest, S., Y. Bédard, M.-J. Proulx, M. Nadeau, F. Hubert, et J. Pastor (2005). Solap technology: Merging business intelligence with geospatial technology for interactive spatio-temporal exploration and analysis of data. *ISPRS 60*(1), 17–33.

Silva, J., V. C. Times, R. N. Fidalgo, et R. S. M. Barros (2005). Providing geographic-multidimensional decision support over the web. In *7th Asia-Pacific Web Conference*, Volume 3399 of *Lecture Notes in Computer Science*, pp. 477–488.

Summary

Spatial OLAP systems aim to interactively analyze geo-referenced data. They allow decision-makers to explore and visualize spatial data warehouse using pivot tables and cartographic representation of facts on interactive maps. In this paper we present a prototype for the cartographic visualization of SOLAP queries. This prototype is based on service oriented architecture (SOA). In this prototype, the SOLAP client is totally based on standard data representations and cartographic visualization web services.

Recommandation de chemins de navigation dans un cube OLAP

Rym Khemiri, Fadila Bentayeb

Laboratoire ERIC, Université de Lyon - Lyon 2
5 Avenue Pierre Mendès-France, 69676 Bron Cedex, France
(rym.khemiri, fadila.bentayeb)@univ-lyon2.fr
https://eric.ish-lyon.cnrs.fr/

Résumé. L'analyse OLAP (On-Line Analytical Processing), malgré son aspect navigationnel et exploratoire, ne permet pas de guider l'utilisateur vers les faits les plus pertinents lors de sa navigation au sein d'un cube de données. Ceci peut s'expliquer par le fait que l'OLAP ne tient pas compte des usages des utilisateurs, comme l'historique de ses requêtes de navigation. Pour pallier ce problème, nous proposons dans cet article NAPARE (NAvigation PAth REcommendation), un système de recommandation collaborative de chemins de navigation qui s'appuie sur l'historique des sessions d'analyse des utilisateurs et les chaînes de Markov.

1 Introduction

Dans un cube de données, extrait à partir d'un entrepôt de données, les données sont organisées de manière à permettre aux décideurs de les exploiter en utilisant les opérateurs OLAP. La navigation OLAP consiste alors en une interrogation interactive des données, en réalisant des analyses à travers de multiples passes (passant par exemple des données résumées à des données détaillées ou changeant même d'axe d'observation), successivement dans des niveaux de détail inférieurs permettant ainsi de produire les premiers résultats d'analyse pertinents pour l'aide à la décision. Ainsi, une session d'analyse typique sur un cube de données est une séquence de requêtes de navigation. Chaque requête d'une séquence est formulée sur la base des résultats de la requête précédente.

Cependant, lors de la navigation dans un cube de données, l'utilisateur n'a pas une connaissance a priori des parties du cube susceptibles d'être intéressantes pour lui. De ce fait, choisir les prochaines navigations devient une tâche difficile pour lui puisque plusieurs chemins de navigation se présentent à lui. Cela pourrait provoquer des temps de latence de l'analyse voire de conduire l'utilisateur dans une zone non pertinente, et de réduire ainsi les avantages de l'utilisation du système OLAP.

Le défi auquel nous nous intéressons dans cet article est de pouvoir guider l'utilisateur vers les faits les plus pertinents pour lui en utilisant un système de recommandation de chemins de navigation. Généralement, la plupart des systèmes de navigation existants souffrent d'un certain nombre de limitations Bentayeb et al. (2009). Le graphe de navigation nécessite généralement du hasard ou de l'expertise des utilisateurs, ou les deux à la fois pour trouver les bons chemins menant vers les éléments recherchés. Les liens de navigation peuvent aussi conduire à des résultats vides.

Toutefois, dans un cube OLAP, les données sont modélisées suivant de multiples dimensions où les sous-cubes sont généralement représentés comme des éléments de treillis de cuboïdes Harinarayan et al. (1996). C'est pourquoi, nous utilisons la structure de treillis de cuboïdes pour décrire les chemins de navigation d'un utilisateur. Le graphe de navigation est donc le treillis de tous les cuboïdes. En effet, la structure de treillis de cuboïdes permet de visualiser tous les chemins de navigation d'un utilisateur et permet surtout de garder le séquencement logique de navigation. De ce fait, nous assimilons la notion de session d'analyse à un chemin de navigation dans le treillis de cuboïdes correspondant au cube OLAP. Dans une session d'analyse, l'utilisateur passe d'une requête d'analyse à une autre qui lui est directement liée formant ainsi un enchaînement de requêtes appelé chemin de navigation. La requête d'analyse suivante ne dépend que de la requête d'analyse en cours. De ce fait, afin de guider l'utilisateur vers un chemin de navigation pertinent pour lui, notre idée est d'utiliser les chaînes de Markov qui ont la propriété suivante : "Le futur ne dépend que de l'état présent". Autrement dit, il est possible de prédire l'état suivant avec la seule connaissance de l'état présent. Ainsi, à partir d'un point de navigation (nœud courant dans le treillis de cuboïdes), et en utilisant la propriété des chaînes de Markov, il devient possible de prédire le point de navigation suivant à l'utilisateur.

2 Concepts généraux

Dans cette section, nous donnons les notions fondamentales utilisées dans ces travaux à savoir la navigation OLAP, le treillis de cuboïdes et le modèle de Markov.

2.1 Navigation dans les cubes OLAP

L'analyse OLAP donne aux utilisateurs la possibilité d'analyser et d'explorer les données de manière interactive sur la base du modèle multidimensionnel. Bien que les utilisateurs d'outils de reporting jouent essentiellement un rôle passif, les utilisateurs OLAP sont en mesure de démarrer une session d'analyse complexe où chaque étape est le résultat de l'issue de l'étape précédente. La navigation peut alors être expliquée par la transition entre les différents états Dittrich et al. (2005).

La navigation est un terme utilisé pour décrire le processus employé par les utilisateurs pour explorer un cube de données de façon interactive, habituellement en utilisant un client OLAP graphique connecté à un serveur OLAP. Généralement, un utilisateur commence à analyser des données en sélectionnant une requête initiale. Cette requête est constituée d'un ensemble de dimensions ainsi que d'un ensemble de conditions de filtrage Khemiri et Bentayeb (2013). Ensuite, l'utilisateur modifie la requête de manière interactive en ajoutant ou en supprimant des colonnes (drill-down et roll-up), en ajoutant ou en supprimant les conditions de filtrage (slicing), en déplaçant des colonnes (dicing) et ainsi de suite.

2.2 Treillis de cube de données

Le concept du cube de données a été proposé la première fois par Gray et al. (1996) comme une généralisation de l'opérateur *Group By* de SQL pour répondre à l'enquête en ligne des données de différents points de vue des utilisateurs. Cette analyse interactive et multidimensionnelle est habituellement accomplie par agrégations pré-calculées sur les données Sarawagi (2000). En effet, Harinarayan et al. (1996) proposent la modélisation des données dans de multiples dimensions où les vues OLAP sont généralement représentées comme des éléments de treillis. Le treillis de cube de données est un DAG (Directed Graph acyclique) dont les nœuds représentent des requêtes (ou cuboïdes) qui sont caractérisées par les attributs de la clause Group By. Les arêtes dénotent la relation de dérivabilité entre les cuboïdes. Par exemple, un cube de données avec les dimensions A_1, A_2, A_3 est présenté dans la Figure 1 (a) comme une structure en treillis. Généralement, dans le contexte OLAP, les dimensions sont organisées en hiérarchies de dimensions, qui peuvent être également représentées par un treillis. Par exemple, la Figure 1 (b) montre le treillis des attributs de trois dimensions A_1, A_2, A_3 où a_{ij} est le $j^{\text{ième}}$ niveau dans la hiérarchie de la dimension A_i. L'élément supérieur de chaque treillis est "all", ce qui signifie qu'il n'y a pas de regroupement pour cette dimension.

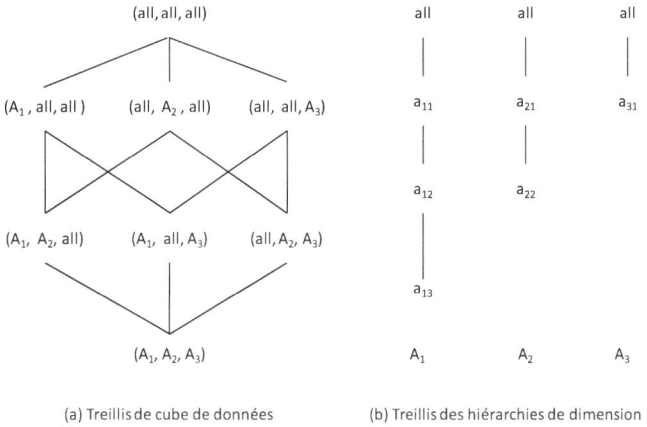

(a) Treillis de cube de données   (b) Treillis des hiérarchies de dimension

FIG. 1 – *Exemples de treillis de cubes OLAP*

Nous pouvons construire le treillis impliquant les hiérarchies qui représente l'ensemble des points de vue qui peuvent être obtenus en regroupant sur chaque combinaison d'éléments l'ensemble des hiérarchies de dimension. La Figure 2 montre le treillis qui combine le treillis de cube de données de la Figure 1 (a) avec les treillis de la hiérarchie des dimensions de la Figure 1 (b).

Par conséquent, le treillis de cube de données avec les hiérarchies de dimensions fournit un moyen d'agréger les données selon plusieurs niveaux de granularité qui fournissent un moyen intuitif pour les analystes afin de naviguer à différents niveaux de détail de l'information Casali et al. (2003). Toutefois, la hiérarchie introduit un problème fondamental de calcul de cube efficace : le nombre de cuboïdes dans un treillis augmente avec le nombre de dimensions ainsi que le nombre de niveaux de hiérarchies. Ainsi, le nombre total de chemins dépend du nombre des nœuds dans le treillis. Sachant que n_i est le nombre de niveaux des hiérarchies, selon Caron et Daniels (2008), le nombre de chemins dans un treillis est donné par la formule suivante.

$$nombre\ de\ chemins = \frac{(n_1 + n_2 + ... + n_k)!}{n_1! n_2! ... n_k!}$$

Dans l'exemple de la Figure 2, nous avons 3 dimensions avec respectivement 1, 2 et 3 niveaux de hiérarchies, ce qui nous donne $\frac{(3+2+1)!}{3!*2!*1!} = \frac{720}{12} = 60$ chemins différents. Nous constatons alors qu'avec seulement 3 dimensions et 6 niveaux de hiérarchies, on obtient 60 chemins possibles dans le cube de données.

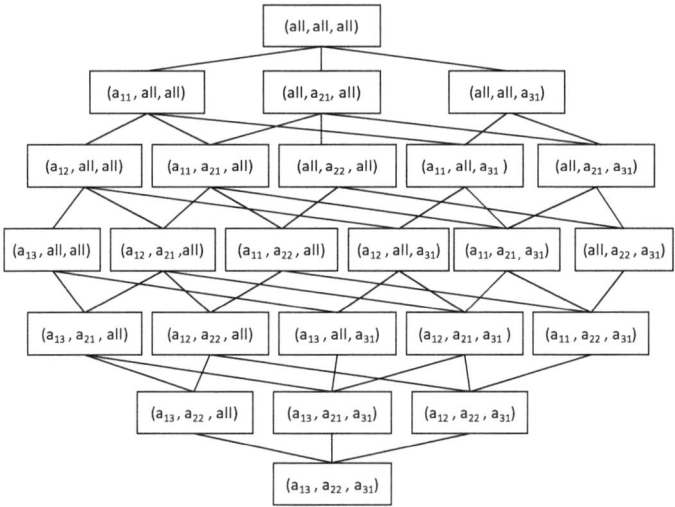

FIG. 2 – *Treillis combiné*

Définition 1. Ordre partiel dans un treillis de cuboïdes

L'arête entre deux cuboïdes c et c' représente la relation de dépendance entre ces deux cuboïdes. On dit que c est dépendant de c', noté $c \preceq c'$, si une requête répondue par c peut être aussi répondue par c', mais l'inverse n'est pas vrai. On dit aussi que $c \preceq c'$ si et seulement si c peut être calculé à partir de c'.

Notons que $\preceq$ impose un ordre partiel sur les nœuds et qu'il est transitif. Pour un ensemble d'éléments d'un treillis, deux éléments doivent avoir une borne supérieure et une borne inférieure selon l'ordre partiel $\preceq$. Cependant, dans la pratique, nous avons besoin uniquement des hypothèses suivantes : (a) $\preceq$ est un un ordre partiel, et (b) il existe un élément supérieur, un nœud duquel chaque nœud dépend.

Dans le treillis de la Figure 1, supposons que *Magasin*, *Produit* et *Date* correspondent respectivement à A_1, A_2 et A_3. On peut alors écrire $(all, Produit, Date) \preceq (all, Produit, all)$. Par ailleurs, il existe des cuboïdes qui ne sont pas comparables entre eux en utilisant l'opérateur $\preceq$ comme par exemple les cuboïdes $(Magasin, all, all)$ et $(all, Produit, all)$.

Définition 2. Ancêtres et descendants

Étant donné un fait avec N dimensions, il existe 2^N cuboïdes. Nous définissons les ancêtres et les descendants d'un cuboïde c de la manière suivante :
$Anc(c) = \{c' \mid c \preceq c'\}$ et $Des(c) = \{c' \mid c' \preceq c\}$

Définition 3. Parents/Enfants

Le parent/enfant d'un nœud c dans un treillis est défini comme l'ancêtre/descendant immédiat de c. Le parent P (ou enfant E) de c peut être défini comme suit :

$P(c) = \{c' \mid c \preceq c', \nexists x, c \preceq x, x \preceq c'\}$ et $E(c) = \{c' \mid c' \preceq c, \nexists x, c' \preceq x, x \preceq c\}$

Par exemple dans la Figure 1, les ancêtres du cuboïde (A_1, A_2, all) sont les cuboïdes (A_1, all, all), (all, A_2, all) et (all, all, all) tandis que ses parents sont les cuboïdes (A_1, all, all) et (all, A_2, all).

Définition 4. Chemin de navigation dans un cube OLAP

Un chemin de navigation dans un cube de données est défini par une séquence ordonnée de requêtes $q_1, q_2, ..., q_n$, appliquées aux cuboïdes $c_1, c_2, ..., c_n$, respectivement, tels que $c_1 \diamond c_2, c_2 \diamond c_3, ..., c_{n-1} \diamond c_n$ où $\diamond$ est soit $\preceq$ soit $\succeq$. Autrement dit, étant donnée une requête, un utilisateur applique l'opérateur drill-down/roll-up pour passer d'un niveau supérieur à un niveau inférieur et vice-versa.

2.3 Modèle de Markov

Les chaînes de Markov (Markov (1971)) modélisent des relations entre des éléments dans le temps selon une hypothèse d'indépendance telle que la probabilité d'apparition d'un élément n'est dépendante que de l'élément précédent. Un modèle de Markov correspond à un simple graphe d'états, doté d'une fonction de transition probabiliste. Une chaîne de Markov désigne les processus qui commencent dans l'un de ces états, et évoluent d'état en état selon les transitions.

A chaque pas de temps, le modèle subit une transition qui va potentiellement modifier son état. Cette transition permet donc au système modélisé d'évoluer, selon une loi connue par avance. Néanmoins, cette loi de transition est probabiliste. En effet, l'évolution du système peut être incertaine, ou simplement mal connue. Cette fonction probabiliste permet donc d'exprimer simplement la loi d'évolution du modèle, sous la forme d'une matrice de probabilités. Cela ouvre donc la porte à un très grand nombre d'utilisations où l'évolution d'un système n'est connue qu'à travers des statistiques.

Un modèle de Markov peut être décrit de la manière suivante. Étant donné un ensemble d'états $S = \{s_1, s_2..., s_n\}$, le processus débute dans un de ces états et se propage successivement d'un état à l'autre. Chaque mouvement correspond à une étape du processus. Si le processus se trouve dans l'état s_i alors il peut se trouver dans l'état suivant s_j avec une probabilité p_{ij}. Cette probabilité ne dépend pas du chemin effectué depuis le début du processus mais uniquement de l'état s_i. L'ensemble des probabilités p_{ij}, $1 < i, j < n$, n étant le nombre total d'états composant le modèle, est représenté par la matrice de transitions notée MT. Notons également que le processus peut rester dans le même état d'une étape à l'autre avec une probabilité p_{ii}.

Pour définir totalement le modèle, il reste à définir un vecteur $u = (u_1, u_2, ...u_n)$ correspondant aux probabilités de débuter le processus dans l'un ou l'autre des états. La probabilité de débuter dans l'état s_i est u_i. L'état s_i est appelé alors état initial.

Un modèle de Markov doit respecter les deux contraintes suivantes :
— La somme des probabilités des états initiaux est égale à 1 : $\sum_{i=1}^{n} u_i = 1$.
— La somme des probabilités des transitions partant d'un état est égal à 1 : $\forall i, 1 \leq i \leq n, \sum_{j=1}^{n} p_{ij} = 1$.

3 Recommandation collaborative de chemins de navigation

3.1 Principe

Afin de recommander des chemins de navigation pertinents dans un cube OLAP, nous utilisons l'historique des accès des utilisateurs extrait à partir des logs des sessions d'analyse. Étant donné qu'un cube de données peut être considéré comme un treillis de cuboïdes, notre approche tire profit de cette structure pour construire un modèle probabiliste dans lequel sont stockées des estimations de probabilités. Ces probabilités peuvent alors être utilisées pour calculer le chemin de navigation le plus probable. Nous utilisons le modèle de Markov pour modéliser le comportement de l'utilisateur lors de sa navigation dans un cube OLAP parce qu'il offre un moyen simple pour saisir la dépendance séquentielle entre un niveau d'analyse (état) à l'autre (nouvel état). En effet, l'utilisation du modèle de Markov pour la navigation a été étudiée et reconnue dans la littérature depuis plusieurs années pour prédire la requête de l'utilisateur dans le Web Stober et Nürnberger (2006), Eirinaki et al. (2005) et Zhu et al. (2002).

Dans ce cadre, notre approche consiste à prédire le ou les prochains cuboïdes qu'un utilisateur donné est susceptible de visiter ou consulter. Ainsi, il est possible d'effectuer de la recommandation à partir de ces prédictions, simplement en recommandant les navigations prédites ayant la plus grande probabilité.

Notre approche de recommandation de chemins de navigation se déroule en trois phases. (1) Tout d'abord, à partir d'un ensemble de sessions d'analyses issues des fichiers logs des utilisateurs, un prétraitement est nécessaire pour extraire les différentes sessions d'analyse. (2) Nous procédons ensuite à la construction du treillis d'accès (treillis de cuboïdes + probabilités de transition entre les nœuds en fonction de la fréquence des visites) appelé plus communément DAL (Data cube Access Lattice). (3) Enfin, nous exploitons le treillis d'accès pour recommander à l'utilisateur des chemins de navigation et l'aider à anticiper dans la navigation pour aller vers les faits les plus pertinents. Cette phase est elle-même effectuée en deux étapes : (i) construction de la liste des recommandations candidates en appliquant le modèle de Markov sur les sessions extraites, et (ii) ordonnancement de ces recommandations candidates. Ainsi, notre approche de recommandation de chemins de navigation fournit à l'utilisateur un ensemble de recommandations et, dans le même temps, met à jour le treillis d'accès.

3.2 Processus de recommandation de chemins de navigation

3.2.1 Étape 1 - Prétraitement

La première étape consiste à pétraiter le log des requêtes d'analyse. En effet, les tâches de prétraitement, y compris le nettoyage des données, l'identification de l'utilisateur et l'identification des sessions peuvent être appliquées au log des sessions pour obtenir toutes les sessions d'analyse (des séquences de requêtes). Le log peut être divisé en sessions par de nombreuses façons telles que l'identificateur utilisateur (*user id*), la date (*timestamp*) et la durée d'une session. Nous combinons le nom d'utilisateur et le seuil de délai d'attente (*timeout treshold*) pour délimiter les sessions d'analyse. Le seuil de délai d'attente est fixé à moins de 12 heures dans le système SQL Server. Ainsi, le log des sessions est divisé en plusieurs parties, tout d'abord selon l'identificateur de l'utilisateur, puis nous comparons le *timestamp* de deux requêtes consécutives. Si le délai d'attente entre ces deux requêtes dépasse 12 heures, la requête ayant le plus petit *timestamp* représente un point de départ pour une nouvelle session d'analyse.

Session	Fréquence
$s_1 \rightarrow s_2 \rightarrow s_4 \rightarrow s_7$	3
$s_1 \rightarrow s_2 \rightarrow s_4 \rightarrow s_5 \rightarrow s_7$	2
$s_1 \rightarrow s_3 \rightarrow s_4 \rightarrow s_7$	4
$s_1 \rightarrow s_2 \rightarrow s_4 \rightarrow s_6 \rightarrow s_7$	2
$s_1 \rightarrow s_4 \rightarrow s_7$	2
$s_1 \rightarrow s_4 \rightarrow s_5 \rightarrow s_7$	1
$s_1 \rightarrow s_4 \rightarrow s_6 \rightarrow s_7$	2
$s_1 \rightarrow s_2 \rightarrow s_5 \rightarrow s_7$	3
$s_5 \rightarrow s_4 \rightarrow s_2$	1
$s_6 \rightarrow s_4 \rightarrow s_3$	1
$s_4 \rightarrow s_2$	2

TAB. 1 – *Sessions d'analyse identifiées dans le log*

Le Tableau 1 présente un exemple d'identification de différentes sessions d'analyse dans un log. On trouve dans la première colonne une collection de sessions de navigation avec l'état de départ et l'état final. La deuxième colonne du Tableau 1 nous donne la fréquence d'une session d'analyse qui représente le nombre de fois où la séquence de requête correspondante est traversée ou visitée dans le log.

3.2.2 Étape 2 - Construction du treillis d'accès

La deuxième étape consiste à construire le treillis d'accès qui est le treillis de cuboïdes avec les probabilités de transition entre les nœuds en fonction de l'historique de navigation (sessions et fréquence des visites). Une fois, les différentes sessions d'analyse obtenues, elles peuvent correspondre à un graphe pondéré appelé modèle de Markov. Le modèle de Markov se compose d'un ensemble d'états qui représentent les requêtes des utilisateurs où deux états successifs sont reliés par un lien ou une arête. Chaque état ou cuboïde est défini par une identité (s_1, s_2, *etc.*). Chaque lien ou arête est désigné par un certain nombre de visites des séquences de requêtes. La chaîne de Markov est définie par un ensemble d'états avec leurs probabilités initiales et une matrice de transition MT. L'ensemble des états est composé de l'état initial, l'état final et les états intermédiaires qui correspondent aux cuboïdes visités. Dans ce contexte, nous proposons de modéliser le cube de données comme une chaîne de Markov où les cuboïdes correspondent aux états et le chemin de navigation correspond aux transitions entre les états. Les chemins de la chaîne ayant la probabilité la plus élevée seront les chemins préférés dans le cube OLAP. Pour cela, nous calculons les différentes probabilités en se basant sur le modèle de Markov. Une fois le treillis d'accès construit, nous pouvons l'exploiter pour recommander des chemins de navigation à l'utilisateur. Étant donnée une requête courante de l'utilisateur, nous identifions à quel état elle correspond dans le modèle de Markov. À partir de cet état et en utilisant la matrice de transitions, nous pouvons calculer plusieurs probabilités de passage de l'état présent à un autre état. Un exemple complet de construction du treillis d'accès est présenté à la section 4.

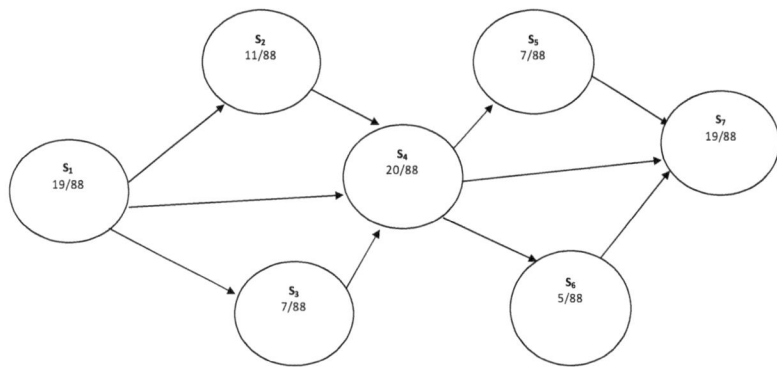

FIG. 3 – *Modèle de Markov des sessions d'analyse*

La Figure 3 représente le modèle de sessions données dans le Tableau 1. Chaque état a une identité et une probabilité d'état.

Probabilité d'état. La probabilité d'état P(s) (*state probability*) représente la probabilité de soumettre une requête dans un cube OLAP (cela correspond à un cuboïde) est obtenue par la formule suivante : $P(s) = \frac{N_{s_i}}{N}$ où :
   — N_{s_i} : nombre de fois où la requête s_i a été soumise.
   — N : nombre total de requêtes dans le log des utilisateurs.
Par exemple, à partir du Tableau 1, nous pouvons calculer la probabilité de l'état s_2. Celle-ci est égale à 11/88 car la requête s_2 a été visitée 11 fois et que le nombre total de requêtes est 88.

Probabilité de transition. Chaque lien entre les nœuds d'un treillis représente la probabilité de transition (TP) qui est calculée en fonction du nombre de fois où le lien correspondant est suivi ou visité et du nombre de fois que le nœud d'ancrage a été visité. La probabilité de transition est représentée dans la matrice de transitions MT qui enregistre les probabilités de transition. Ainsi, la probabilité de transition peut être calculée par la formule suivante :

$$TP(s_i \rightarrow s_j) = \frac{N_{(s_i \rightarrow s_j)}}{N_{s_i}}$$

où $N(s_i \rightarrow s_j)$ est le nombre de fois où le lien entre s_i et s_j a été emprunté.

Par conséquent, notre treillis d'accès est représenté par la matrice de transitions MT qui peuvent être calculées à partir des probabilités d'états. A partir de cette matrice MT et la position courante (état actuel), nous allons calculer les probabilités de tous les chemins de navigation possibles dans le graphe de Markov commençant par cet état courant. Par exemple, nous pouvons calculer la probabilité de transition de s_2 à s_4 comme suit : $TP(s_2 \rightarrow s_4) = 5/11$ et la probabilité de transition de s_4 à s_6 comme suit : $TP(s_4 \rightarrow s_6) = 4/20$. De plus, nous pouvons calculer la probabilité de transition dans le sens contraire comme par exemple la probabilité de transition de s_4 à s_2 qui est égale à $TP(s_4 \rightarrow s_2) = 3/20$. Le Tableau 2 montre la matrice de transitions MT qui représente toutes les probabilités de transition possibles.

MT	s_1	s_2	s_3	s_4	s_5	s_6	s_7
s_1	0	8/19	6/19	5/19	0	0	0
s_2	3/11	0	0	5/11	3/11	0	0
s_3	0	0	0	6/7	1/7	0	0
s_4	0	3/20	1/20	0	3/20	4/20	9/20
s_5	0	0	0	1/7	0	0	6/7
s_6	0	0	0	1/5	0	0	4/5
s_7	0	0	0	0	0	0	0

TAB. 2 – *Matrice de transitions*

Probabilité de chemin. Un chemin est une séquence finie d'états qui sont accessibles dans l'ordre de leur parcours dans le cube de données sous-jacent. Dans ce contexte, la probabilité d'un chemin de navigation est estimée par le produit de la probabilité initiale du premier état du chemin de navigation et les probabilités des transitions. La règle de la chaîne de Markov est appliquée afin de calculer toutes les probabilités de chemins. Ainsi, la probabilité d'un chemin de navigation PP peut être calculée par la formule suivante :

$$PP(s_i \rightarrow s_j) = P(s_i \prod TP(s_i \rightarrow s_j))$$

Par exemple, la probabilité estimée du chemin $(s_1 \rightarrow s_3 \rightarrow s_4 \rightarrow s_7)$ est égale à : $19/88 * 6/19 * 6/7 * 9/20$. Le Tableau 3 montre les probabilités de chemins des sessions données dans le log comme des exemples de calcul de probabilités de chemins.

3.2.3 Étape 3 - Recommandation collaborative de chemins de navigation

Les systèmes de recommandation sont généralement classés selon deux catégories : des systèmes basés sur le contenu et ceux basés sur le filtrage collaboratif Adomavicius et Tuzhilin (2005). Les systèmes basés sur le contenu recommandent à l'utilisateur des éléments similaires à ceux qui l'ont intéressé dans le passé, tandis que les systèmes basés sur le filtrage collaboratif recommandent des éléments qui ont intéressé des utilisateurs qui lui sont similaires. Ce travail s'inscrit dans une approche de recommandation collaborative impliquant plusieurs utilisateurs parce que nous exploitons les sessions d'analyse de l'ensemble des utilisateurs du système décisionnel. L'idée d'exploiter ce que les autres utilisateurs ont fait pour produire des recommandations est très populaire dans le domaine de la recherche d'informations Adomavicius et Tuzhilin (2005), et dans l'exploitation des usages du Web (Web Usage Mining) Srivastava et al. (2000). Notre contribution est d'adapter ces techniques existantes à l'OLAP.

Généralement, dans la recommandation collaborative, le problème de base est le suivant : on dispose d'un ensemble de m éléments (livres, films, objets, etc.), de n utilisateurs et d'une

Session	Fréquence	Probabilité de chemin
$s_1 \rightarrow s_2 \rightarrow s_4 \rightarrow s_7$	3	19/88 * 8/19 * 5/11 * 9/20
$s_1 \rightarrow s_2 \rightarrow s_4 \rightarrow s_5 \rightarrow s_7$	2	19/88 * 8/19 * 5/11 * 3/20 * 6/7
$s_1 \rightarrow s_3 \rightarrow s_4 \rightarrow s_7$	4	19/88 * 6/19 * 6/7 * 9/20
$s_1 \rightarrow s_2 \rightarrow s_4 \rightarrow s_6 \rightarrow s_7$	2	19/88 * 6/19 * 6/7 * 4/20 * 4/5
$s_1 \rightarrow s_4 \rightarrow s_7$	2	19/88 * 5/19 * 9/20
$s_1 \rightarrow s_4 \rightarrow s_5 \rightarrow s_7$	1	19/88 * 5/19 * 4/20 * 4/5
$s_1 \rightarrow s_4 \rightarrow s_6 \rightarrow s_7$	2	19/88 * 5/19 * 4/20 * 4/5
$s_1 \rightarrow s_2 \rightarrow s_5 \rightarrow s_7$	3	7/88 * 1/7 * 3/20
$s_5 \rightarrow s_4 \rightarrow s_2$	1	5/88 * 1/5 * 1/20
$s_6 \rightarrow s_4 \rightarrow s_3$	1	20/88 * 3/20
$s_4 \rightarrow s_2$	2	3/20

TAB. 3 – *Probabilités de chemins de navigation*

matrice d'utilité $R = (r_{ij}, i = 1, ...n, j = 1, ...m)$ (*utility matrix* ou bien *rating matrix*) telle que :

— $r_{ij} \in R$ signifie que l'utilisateur i a attribué la note r_{ij} à l'élément j
— $r_{ij} = *$ signifie que la note attribuée par l'utilisateur i à l'élément j n'est pas connue

Dans le cadre de nos travaux sur la recommandation de chemins de navigation, la matrice d'utilité est la matrice de transitions MT qui représente le treillis d'accès. Par conséquent, à partir de l'état actuel de l'utilisateur dans le treillis d'accès et la matrice de transitions MT, nous recommandons à l'utilisateur les chemins de navigation les plus pertinents à emprunter. Nos recommandations sont obtenues à partir de la matrice de transitions. Ceci peut être expliqué par l'algorithme de recommandation de chemins de navigation (Algorithme 1) qui calcule des recommandations candidates en se basant sur la requête courante et l'historique de l'utilisateur représenté par la matrice de transitions.

Les notations utilisées dans l'algorithme sont les suivantes :

— Ch désigne la file d'attente des nœuds (cuboïdes dans le treillis).
— c est le premier nœud de Ch.
— C est l'ensemble des cuboïdes dans le treillis.
— NC est le nœud courant qui représente le début d'une session d'analyse.
— $TP[i][j]$ désigne la probabilité d'une arête reliant les nœds i et j dans le treillis de cuboïdes. C'est la probabilité que la prochaine requête sera adressée au cuboïde j sachant que la requête courante est adressée au cuboïde i. Le log de sessions d'analyse est utilisé pour déterminer les probabilités des arêtes. Ces valeurs sont mises à jour entre deux sessions successives.
— CA désigne la condition d'arrêt fixée par l'utilisateur. Elle peut être présentée par une longueur de chemin ou une valeur de seuil de probabilité exigées par l'utilisateur.

Algorithme 1 : NAPARE (MT, NC, CA)

Entrées :
MT : Matrice de transitions
NC : Nœud courant
CA : Condition d'arrêt
Sortie :
Ch : Chemin de navigation à recommander
Début
    ajouter NC au Ch ;
    Tant que $\neg$ *vide(Ch)* **faire**
        c = premier élément de Ch ;
        Pour chaque a *dans* $Parent(NC) \cap C$ *ou* a *dans* $Enfant(NC) \cap C$ **faire**
            Si *($\neg CA$)* **alors**
                calculer Max (TP[NC][a]) ;
                ajouter a à la fin de Ch ;
            Finsi
        Finpour
    fintantque
    Retourner *Chemin de navigation* Ch ;
    // Retourner le chemin de navigation le plus pertinent
Fin

Notre système de recommandation NAPARE utilise comme base le treillis d'accès et la requête courante de l'utilisateur. Tout d'abord, le modèle de Markov est construit à partir du treillis de cuboïdes et l'historique des requêtes des utilisateurs. Le résultat obtenu est le treillis d'accès (DAL) qui permet de résumer le comportement interrogatoire des utilisateurs passés. Il est représenté par la matrice de transitions (MT).

L'algorithme commence avec la première requête de l'utilisateur qui représente le nœud courant ou l'état actuel. L'algorithme effectue une première recherche étendue pour calculer la probabilité de chaque nœud. La condition d'arrêt peut être la longueur du chemin ou une valeur de seuil appliquée à la probabilité de l'arête. Par exemple, si la probabilité d'un nœud est inférieure à la valeur du seuil ou si la longueur du chemin de navigation dépasse une certaine valeur, alors on pourrait arrêter la poursuite de nœuds le long de ce chemin. Ensuite, NAPARE cherche des correspondances entre la session active de l'utilisateur et les états du modèle (différents nœuds du treillis d'accès). Enfin, le(s) chemin(s) qui a(ont) la plus grande probalilité sera(seront) recommandé(s) à l'utilisateur.

4   Application de NAPARE sur un cube OLAP

Prenons l'entrepôt de données *Foodmart* comme exemple pour y appliquer notre système de recommandation NAPARE. Nous considérons le cube de données *Sales* qui calcule le nombre de ventes (mesure : *Store Sales*) par les dimensions magasin (*Store*), date (*Time*) et produit (*Product*). La dimension *Time* possède trois niveaux de hiérarchies *Time*, *Month* et *Year*, la dimension *Store* est hiérarchisée selon deux niveaux *Store* et *City*. Le treillis de cuboïdes avec les hiérarchies de dimensions est donné dans la Figure 4 (treillis d'accès sans les probalibilités). C'est un treillis qui comporte 24 nœuds qui représentent tous les cuboïdes du cube OLAP. Le treillis d'accès (Figure 4) est présenté par une matrice de transitions qui est égale à la matrice d'adjacence du treillis avec les probabilités de transitions entre les arêtes. C'est une matrice carrée symétrique (graphe non orienté) d'ordre 24 (nombre de nœuds du treillis de cuboïdes).

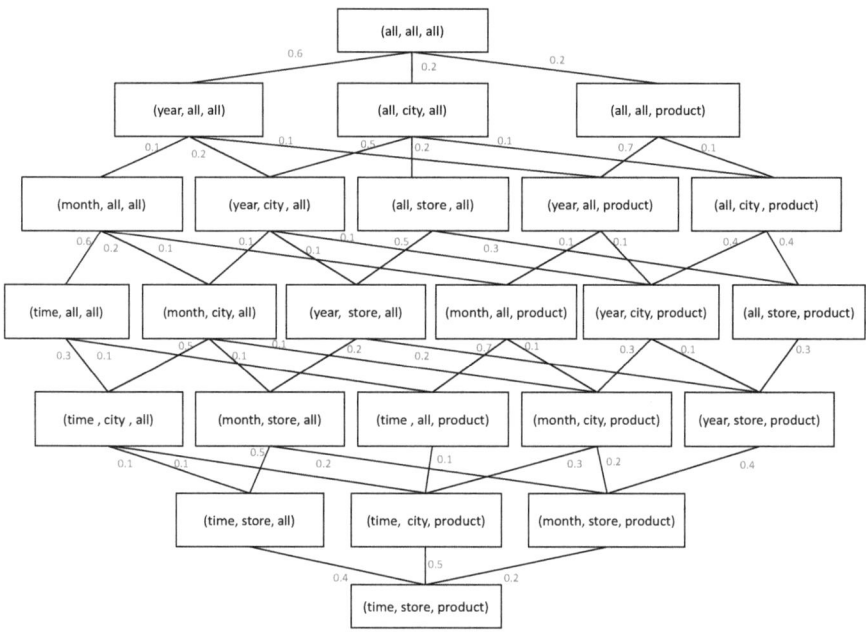

FIG. 4 – *Treillis d'accès*

La probabilité qu'un utilisateur visite un cuboïde c' sachant qu'il interroge un cuboïde c est égale à la probabilité de transition entre les deux nœuds dans la matrice de probabilité du $n^{ième}$ degré où n est égal au nombre de sauts (longueur du chemin) pour atteindre l'état (cuboïde) c' à partir de l'état (cuboïde) c. Supposons qu'un utilisateur commence son analyse à partir du nœud NC (all, all, all) qui correspond à sa première requête. Nous appliquons l'algorithme NAPARE (Algorithme 1) sur la matrice de transitions MT présentée dans le Tableau 4 de la manière suivante : NAPARE (MT, (all, all, all), n=3) avec la condition d'arrêt n=3 qui est la longueur du chemin fixée par l'utilisateur. Par conséquent, les chemins de navigation les plus pertinents sont les chemins qui ont la probabilité maximale. Dans notre cas, nous obtenons 3 chemins candidats car ils ont tous la même probabilité maximale égale à $0.6*0.2*0.1 = 0.072$.

- Chemin 1 : $(all, all, all) \rightarrow (year, all, all) \rightarrow (year, city, all) \rightarrow (month, city, all)$
- Chemin 2 : $(all, all, all) \rightarrow (year, all, all) \rightarrow (year, city, all) \rightarrow (year, store, all)$
- Chemin 3 : $(all, all, all) \rightarrow (year, all, all) \rightarrow (year, city, all) \rightarrow (year, city, product)$

Si l'utilisateur ne choisit aucun des chemins candidats qui lui sont proposés et accède au cuboïde $(all, all, product)$, NAPARE calcule de nouveau les probalilités des chemins partant du cuboïde courant (chemin 1 et chemin 2) et recommande ensuite à l'utilisateur le chemin 1 puisqu'il a la plus grande probabilité.

- Chemin 1 :

$(all, all, product) \rightarrow (year, all, product) \rightarrow (month, all, product) \rightarrow (time, all, product)$ ayant la probabilité $0.7 * 0.1 * 0.7 = 0.049$.

- Chemin 2 :

$(all, all, product) \rightarrow (year, all, product) \rightarrow (year, city, product) \rightarrow (month, city, product)$ ayant la probabilité $0.7 * 0.1 * 0.3 = 0.021$.

MT	1	2	3	4	5	6	7	8	9	10	11	12	13	14	15	16	17	18	19	20	21	22	23	24
1	0	0.6	0.2	0.2	0	0	0	0	0	0	0	0	0	0	0	0	0	0	0	0	0	0	0	0
2	0.6	0	0	0	0.1	0.2	0	0.1	0	0	0	0	0	0	0	0	0	0	0	0	0	0	0	0
3	0.2	0	0	0	0	0.5	0.2	0	0.1	0	0	0	0	0	0	0	0	0	0	0	0	0	0	0
4	0.2	0	0	0	0	0	0	0.7	0.1	0	0	0	0	0	0	0	0	0	0	0	0	0	0	0
5	0	0.1	0	0	0	0	0	0	0	0.6	0.2	0	0.1	0	0	0	0	0	0	0	0	0	0	0
6	0	0.2	0.5	0	0	0	0	0	0	0	0.1	0.1	0	0.1	0	0	0	0	0	0	0	0	0	0
7	0	0	0.2	0	0	0	0	0	0	0	0	0.5	0	0	0.3	0	0	0	0	0	0	0	0	0
8	0	0.1	0	0.7	0	0	0	0	0	0	0	0	0.1	0.1	0	0	0	0	0	0	0	0	0	0
9	0	0	0.1	0.1	0	0	0	0	0	0	0	0	0	0.4	0.4	0	0	0	0	0	0	0	0	0
10	0	0	0	0	0.6	0	0	0	0	0	0	0	0	0	0	0.3	0	0.1	0	0	0	0	0	0
11	0	0	0	0	0.2	0.1	0	0	0	0	0	0	0	0	0	0.5	0.1	0	0.1	0	0	0	0	0
12	0	0	0	0	0	0.1	0.5	0	0	0	0	0	0	0	0	0	0.2	0	0	0.2	0	0	0	0
13	0	0	0	0	0	0.1	0	0.1	0	0	0	0	0	0	0	0	0	0.7	0.1	0	0	0	0	0
14	0	0	0	0	0	0.1	0	0.1	0.4	0	0	0	0	0	0	0	0	0	0.3	0.1	0	0	0	0
15	0	0	0	0	0	0	0	0.3	0	0.4	0	0	0	0	0	0	0	0	0	0.3	0	0	0	0
16	0	0	0	0	0	0	0	0	0	0.3	0.5	0	0	0	0	0	0	0	0	0	0.1	0.1	0	0
17	0	0	0	0	0	0	0	0	0	0	0.1	0.2	0	0	0	0	0	0	0	0	0.5	0	0.2	0
18	0	0	0	0	0	0	0	0	0	0.1	0	0	0.7	0	0	0	0	0	0	0	0	0.1	0	0
19	0	0	0	0	0	0	0	0	0	0	0.1	0	0.1	0.3	0	0	0	0	0	0	0	0.3	0.2	0
20	0	0	0	0	0	0	0	0	0	0	0	0.2	0	0.1	0.3	0	0	0	0	0	0	0	0.4	0
21	0	0	0	0	0	0	0	0	0	0	0	0	0	0	0	0.1	0.5	0	0	0	0	0	0	0.4
22	0	0	0	0	0	0	0	0	0	0	0	0	0	0	0	0	0.1	0	0.1	0.3	0	0	0	0.5
23	0	0	0	0	0	0	0	0	0	0	0	0	0	0	0	0	0	0.2	0	0.2	0.4	0	0	0.2
24	0	0	0	0	0	0	0	0	0	0	0	0	0	0	0	0	0	0	0	0	0.4	0.5	0.2	0

TAB. 4 – *Matrice de transitions représentative du treillis d'accès*

5   Développement et validation

Nous avons développé un prototype en Java de notre système NAPARE pour mettre en oeuvre notre méthode de recommandation de chemins de navigation dans un cube OLAP. Nous avons appliqué notre méthode sur un cube de données "Sales" obtenu à partir de l'entrepôt de données *Foodmart*. NAPARE permet de simuler le déplacement d'un utilisateur dans le cube de données. Le principe est simple : on place l'utilisateur dans un nœud initial (correspondant à sa première requête), puis on utilise les distributions de probabilités de transition pour décider à chaque pas de temps où il se rend. L'idée est alors de garder le nombre de fois où l'utilisateur passe dans chaque nœud, ce qui permettrait de construire une distribution de probabilités (si convergence). Le principe de base est d'attribuer à chaque nœud une valeur (ou un score) proportionnelle au nombre de fois que passerait par ce nœud un utilisateur parcourant le treillis de cuboïdes en cliquant aléatoirement, sur un des liens apparaissant sur chaque cuboïde. Le déplacement de l'utilisateur peut alors être assimilé à une marche aléatoire sur le graphe de cube de données, autrement dit il s'agit du processus de Markov. En effet, à chaque fois que l'utilisateur choisit le cuboïde (nœud dans le treillis) suivant pour poursuivre sa navigation, le choix de ce nœud dépend des nœuds précédemment visités.

Nous avons testé notre prototype sur une charge de 40 sessions d'analyse relatives à l'entrepôt de données *Foodmart*. Ces sessions d'analyse comptent 120 requêtes. Nous avons ensuite évalué la qualité de nos recommandations en utilisant la mesure statistique de précision MAE (Mean Absolute Error) (Shardanand et Maes (1995)) qui consiste à évaluer la différence existante entre les chemins prédits et les chemins réellement empruntés par les utilisateurs. La MAE calcule, pour chaque paire <chemin-prédiction>, la moyenne d'erreur absolue entre les chemins prédits $Pred(u_a, i)$ et les chemins réellement empruntés par les utilisateurs $v(u_a, i)$ (n représente le nombre total de chemins prédits). Plus la valeur de MAE est faible, plus les prédictions sont précises et plus le système de recommandation est performant.

$$MAE = \frac{\sum_{i=1}^{n} |v(u_a, i) - Pred(u_a, i)|}{n}$$

Par ailleurs, les chemins de navigation recommandés par notre système NAPARE sont de bonne qualité puisque nous utilisons le treillis de cuboïdes qui nous garantit d'avoir toujours des chemins valides.

6 Conclusion

Dans cet article nous avons présenté NAPARE, un système de recommandation collaborative de chemins de navigation dans un cube OLAP. Notre système tient compte des précédentes navigations réalisées par l'ensemble des utilisateurs du cube, partitionne le log des requêtes qui peut être volumineux, tient compte des hiérarchies dans le treillis des cuboïdes et utilise le modèle de Markov pour prédire et recommander la session d'analyse suivante à l'utilisateur. Le calcul des chemins de navigation les plus pertinents, étant donnée une session d'analyse courante, se fait en temps réel au fur et à mesure du processus de navigation de l'utilisateur. Par ailleurs, les expérimentations que nous avons menées sur le benchmark *Foodmart* montrent que les recommandations qui sont calculées par notre système NAPARE sont de bonne qualité.

Une perspective directe de ce travail est de procéder à l'élagage du treillis de cuboïdes étant donnée que la taille du cube de données peut être conséquente. En effet, le processus d'élagage consisterait à éliminer les nœuds inintéressants du treillis d'accès (nœuds inexistants dans le log de requêtes) que les utilisateurs ne visitent pas afin d'alléger leurs tâches de navigation. Par ailleurs, nous souhaitons intégrer le profil utilisateur au sein de NAPARE afin d'améliorer la qualité de ses recommandations.

Références

Adomavicius, G. et A. Tuzhilin (2005). Toward the next generation of recommender systems : A survey of the state-of-the-art and possible extensions. *Journal of IEEE Trans. Knowl. Data Eng. Volume 17*(6), pages 734–749.

Bentayeb, F., O. Boussaïd, C. Favre, F. Ravat, et O. Teste (2009). Personnalisation dans les entrepôts de données : bilan et perspectives. In *Actes des 5èmes journées francophones sur les Entrepôts de Données et l'Analyse en ligne, EDA 2009, Montpellier, France, Juin 4-5, 2009*, pp. 7–22.

Caron, E. et H. Daniels (2008). Explanation of exceptional values in multi-dimensional business databases. *European Journal of Operational Research Volume 188*(3), pages 884 – 897.

Casali, A., R. Cicchetti, et L. Lakhal (2003). Cube lattices : A framework for multidimensional data mining. In *SDM*, pp. 304–308.

Dittrich, J.-P., D. Kossmann, et A. Kreutz (2005). Bridging the gap between olap and sql. In *VLDB*, Trondheim, Norway, pp. 1031–1042.

Eirinaki, M., M. Vazirgiannis, et D. Kapogiannis (2005). Web path recommendations based on page ranking and markov models. In *WIDM*, Bremen, Germany, pp. 2–9.

Gray, J., A. Bosworth, A. Layman, et H. Pirahesh (1996). Data cube : A relational aggregation operator generalizing group-by, cross-tab, and sub-total. In *ICDE*, New Orleans, Louisiana USA, pp. 152–159.

Harinarayan, V., A. Rajaraman, et J. D. Ullman (1996). Implementing data cubes efficiently. In *International Conference on Management of Data*, Montreal, Canada, pp. 205–216.

Khemiri, R. et F. Bentayeb (2013). FIMIOQR : Frequent itemsets mining for interactive olap query recommendation. In *The Fifth International Conference on Advances in Databases, Knowledge, and Data Applications DBKDA 2013, Seville, Spain, January 27 - February 1, 2013*, pp. 9–14.

Markov, A. (1971). Extension of the limit theorems of probability theory to a sum of variables connected in a chain. In R. Howard (Ed.), *Dynamic Probabilistic Systems (Volume I : Markov Models)*, Chapter Appendix B, pp. 552–577. New York City : John Wiley & Sons, Inc.

Sarawagi, S. (2000). User-adaptive exploration of multidimensional data. In *VLDB*, pp. 307–316.

Shardanand, U. et P. Maes (1995). Social information filtering : Algorithms for automating "word of mouth". In *CHI*, Denver, Colorado USA, pp. 210–217.

Srivastava, J., R. Cooley, M. Deshpande, et P.-N. Tan (2000). Web usage mining : Discovery and applications of usage patterns from web data. *SIGKDD Explorations 1*(2), 12–23.

Stober, S. et A. Nürnberger (2006). DAWN - A system for context-based link recommendation in web navigation. In *KES*, Bournemouth, UK, pp. 763–770.

Zhu, J., J. Hong, et J. G. Hughes (2002). Using markov chains for link prediction in adaptive web sites. In *Soft-Ware*, Belfast, Northern Ireland, pp. 60–73.

Summary

This paper describes NAPARE, a NAvigation PAth REcommendation system for OLAP users. NAPARE is based on users log file analysis sessions and Markov chains that predict the next analysis query from the only current one.

Open issues in Big Data Warehouse design

Sandro Bimonte*

*TSCF, Irstea
9 Avenue Blaise Pascal CS20085, 63178 Aubière, France
sandro.bimonte@irstea.fr

Abstract. Data Warehouse and OLAP systems allow analyzing huge volumes of data represented according to the multidimensional model. In the era of Big Data, NoSQL systems have been proved to be an effective Business Intelligence solution. Some works recently study warehousing and OLAPing Big Data. (Un)Lucky these works exclusively investigate time performance related to the Volume and Velocity features of Big Data. Therefore, in this paper we investigate the impact of other Big Data features: Variety, Veracity and Value on warehousing and OLAP analysis. Then, we go beyond computation performance and we highlight new Big Data Warehouses design issues.

1 Introduction

Data Warehouses (DWs) and OLAP systems allow analyzing huge volumes of data represented according to the multidimensional model, which defines the concept of dimension (the analysis axes) and fact (the analysis subject) (Kimball, 1996). OLAP relational and multidimensional architectures have been widely studied in the last 30 years (Kimball, 1996).

Conceptual, logical and physical design issues have been extensively investigated by academic and industrial communities (Malinowski and Zimányi, 2006), (Kimball, 1996). Nowadays, DWs and OLAP systems have reached a great maturity for the analysis of Small Data (Miller, 2010). They have been successfully applied in several domains such as marketing, health, agriculture, etc.

However, with the advent of Big Data (Davis, 2012)(Media, 2014) (new) analytical possibilities are offered to decision makers for (new) application domains. In the era of Big Data NoSQL systems have been proved to be an effective Business Intelligence solution (Chen et al., 2012). Different types of NoSQL systems exist: Key value, Extensible record, and Document, Graph (Bugiotti et al., 2014) (Stonebraker et al., 2007), (Floratou et al., 2012). A key value database is a collection of data without a schema and organized as a collection of key value pairs. Data is accessed using the key and its value represents data. Extensible record databases represent data with tables where each row can present different attributes (different columns). Document databases store information as documents having a complex structure. In particular, some works recently study warehousing and OLAPing data using NoSQL systems, since they allow scaling in time and space (e.g. (Dehdouh et al., 2014a) (Dehdouh et al., 2014b) (Chevalier et al., 2015a) (Chevalier et al., 2015b)). Although these works show the feasibility of triggering OLAP operators on the top of Big Data Warehouses, several issues remain unexplored (Cuzzocrea et al., 2013) (Cuzzocrea et al., 2011). In this paper, we try to deeply study the main concepts of Data Warehouse and Big Data to provide an adequate new definition of Big Data Warehouse that effectively integrates all main features (the five 'V') of Big Data (Davis, 2012) into Data Warehouses. Indeed, to the best of our knowledge existing works on Big Data Warehouses are limited to Volume and Velocity.

Moreover, we point out open issues related to the design of Big Data Warehouses.

2 Main concepts

In this section we present main concepts of DWs and OLAP (Sec 2.1), and Big Data (Sec 2.2).

2.1 Data warehouse and OLAP

A Data Warehouse has been defined as "*A subject oriented, integrated, time variant and non volatile collection of data in support of management's decision making process*" (Kimball, 1996). In details:

— Subject Oriented: A DW is used to analyze a particular subject area, for example in the retail domain sales are the analysis subject.
— Integrated: A DW integrates data from multiple data sources. For example, two different stores may have different ways of identifying a product, but in the DW there will be only one way of identifying a particular product.
— Time Variant: Historical data are kept in a DW. For example, one can retrieve data from 6 months, 12 months, or even older data.
— Non volatile: Once data is loaded into the DW, it will not be removed or updated. So, warehoused data are historical data.

OLAP systems allow answering multidimensional analytical queries using warehoused data (Kimball, 1996) . Main features of OLAP analysis are:

— Online queries: Queries results should be provided to decision makers under 10 seconds (Minsky, 1993).
— Multidimensional queries: Queries are defined using dimensions and aggregate measures. These aggregated values are considered as believable and high quality data.
— Simple representation: Queries results should be represented using usable simple pivot tables and/or graphical displays. Decision makers are first end users of OLAP queries (Stolte et al., 2008).
— Explorative: Queries are used in a data exploration process. Sometimes decision makers do not know in advance relevant warehoused data (Stolte et al., 2008).

2.2 Big Data

Several definitions of Big Data have been proposed in literature (Emani et al., 2015), such as (Davis, 2012) (Media, 2014), combining from big size to big dimensionality. Nowadays, academic and industrial communities agree to define Big Data using the 5 V: Volume, Variety, Velocity, Value and Veracity. In details:

— Volume: Using huge volumes of data improve analysis since it allows having better models. Therefore, companies collect vast amount of data to improve their decision making process.
— Variety: Data cannot have a predefined schema. By consequence, structured, semi structured and unstructured data could be transparently used for analysis.
— Velocity: Data should be available as soon as possible. In other terms, when new data arrive they should be stored and then analyzed in real time.
— Value: Data should be used to generate economic value.
— Veracity: Data can present quality problems (inconsistency, accuracy, etc.), but their analysis should provide high quality results.

3   What does Big Data Warehouse mean?

In this section we discuss the meaning of the integration of Big Data features in DW and OLAP systems.

In details, we study how the 5 'V' of Big Data are present or not in the actual definition of DW and OLAP.

Value: By definition a DW is a decision support system aiming to take benefit from data. This benefit can be economic, social, organizational, etc. Therefore, DWs and OLAP systems provide additional Value from data sources.

Volume: DW usually refers to huge volume of data. Therefore, particular storage and querying methods have been defined (Stonebraker et al., 2007) (Cuzzocrea et al., 2011). However, the Volume of Big Data refers to a size that makes ineffective existing DBMS's technologies. Therefore, Big DW refers to volume of stored data that makes ineffective existing Relational, Multidimensional and Hybrid architectures. This new feature for Big DWs raises new challenges: scalability and time performance, which concern almost all existing work, and "usability". In this paper we refer to "usability" as the capacity for decision makers to explore for understanding and analyzing voluminous data. Indeed, it has been widely recognized that when data is too much huge (Cuzzocrea and Mansmann, 2009), it is difficult to look for the right (useful) data using classical OLAP operators. This implies that only necessary data should be warehoused.

Velocity: This issue is not explicitly present in the definition of DW. However, usually DWs are composed of historical data, without focusing on real time data. Indeed, warehousing data as soon as possible has been defined as Real time DW. An important literature exists (Fischer et al., 2012). Therefore, Big Data Warehouse should include real time DWs features. The other meaning of Velocity concerns efficient time performance. However, this issue is already present in the definition of DW since they are decision making support systems to support online (i.e. OLAP) analysis.

Variety: An important difference between warehoused data and Big data is the Variety. A DW is a set of integrated uniformed data. In the classical architecture the Extraction Transformation Load (ETL) process integrates and homogenizes different data sources (Kimball, 1996). Data marts are then extracted from this data. Sometimes this process of transforming data can lead to loss of quality. For example, transforming a textual measure (e.g. a pdf bill) into a numerical one can imply some translation errors. Usually, this kind of transformations can generate quality problems, and therefore they are not integrated in the existing ETL processes. Indeed, handling quality into the warehousing process is an open issue (Berrahou et al., 2015). This approach is antonymic with Big Data analytic where the variety of data is considered as a base for analysis methods, which try to take benefit from this variety. Moreover, the Variety is also associated to the flexibility of NoSQL systems, which allow easy integrating new different data sources since they are schemaless systems. OLAP queries on the top of classical DWs are limited to dimensions and measures defined in the DWs. However, to provide effective Big Data analytics, decision makers should be able to integrate any useful information, even if it is not compliant with the predefined measures and members types (we refer to this issue as "multirepresentation data"), and with the multidimensional model (we refer to this issue as "contextual queries").

Veracity: Contrary to Big Data storage policies, warehoused data are high quality data since they are processed using ETL tools, where quality problems have to be solved (Kimball, 1996). By consequence, a Big Data Warehouse should integrate only high quality data issued. Therefore, we can conclude that Veracity is already included in the definition of classical DW.

Therefore, we can define a Big Data Warehouse as a: "Subject oriented, *multirepresentation*, integrated, time variant, non volatile, *necessary*, *voluminous*, *real time* collection of data in support of management's decision making process". In this definition the new terms refer to the different 'V' of Big Data as previously discussed:
— *Necessary, Voluminous for Volume*
— *Multirepresentation for Variety*
— *Real time for Velocity*

Once the data storage redefined, also the definition of OLAP analysis should be adapted. In this way, we define: "*OLAP over Big DW as an approach to answering multidimensional, online, analytical, usable and contextual queries*". In this definition the new terms refers to the different 'V' of Big Data as previously discussed:
— *Usable for Volume*
— *Contextual for Variety*

4 Challenges and opportunities in NoSQL Big Data Warehouses design

In this section, we present open issues related to the design of NoSQL Big DWs according to our definition.

4.1 Logical modeling

Several works investigate the implementation of DWs into Relational OLAP (ROLAP) systems. Dimensions and facts are translated into particular well known logical models: star and snowflake schemas. However, ROLAP implementations suffer from scaling up to very large data volumes (i.e. "Big Data") (Stonebraker et al., 2007), and handling massive real time data. Therefore, nowadays some authors study the logical modeling of transactional systems using NoSQL systems (Bugiotti et al., 2014), and also OLAP systems. In (Zhao and Ye, 2013), the authors implement a DW in the HBase column oriented store system. Moreover, they propose an implementation of OLAP queries using MapReduce like functions. (Chevalier et al., 2015a) formalizes this implementation. Document based NoSQL systems for DWs implementation are investigated in (Chevalier et al., 2015a). However, contrary to the ROLAP context where several works address complex multidimensional models (Malinowski and Zimányi, 2006), these logical NoSQL models address only simple multidimensional design issues. Indeed, real DW projects are characterized by complex dimensions and facts (Malinowski and Zimányi, 2006) (Iftikhar and Pedersen, 2014), such as non strict or non covering hierarchies, non onto hierarchies, and multigranular facts. Therefore, *in our opinion the definition of logical models for NoSQL DWs supporting complex multidimensional models is an open promising issue.*

Moreover all those works do not support the variety of members and measures as defined at Section 3. Therefore, *some approaches that investigate complex DWs (spatial, multimedia, textual) and multirepresentation of data* (Bédard et al., 2002) should represent a possible base for handling Big Data's Variety in Data Warehouse.

As DWs integrate several data sources, it appears evident that different NoSQL databases can be useful at the same time, for example for handling a slice operator using a graph predicate on a graph database, and a rollup operator of a text measure using a document database. A similar approach has been previously adopted for spatial relational DWs for handling GIS and OLAP queries at the same time (Gómez et al., 2008). Solving this issue is not trivial. Two scenarios should be studied. The first one consists in the transformation of a multidimensional model of a NoSQL database family into another one (Chevalier et al., 2015a), and the second one is to provide a mediation mechanism among multidimensional models of different NoSQL database families inside the same DW. For the first scenario, the transformation can imply losses of analysis capabilities (for example: is (and how) it possible to provide OLAP graph queries on the top of document database?). For the second scenario, a mechanism for translating the same OLAP queries in different query languages should be provided. This mediation process will also have consequences of performances. These questions should be necessary solved.

ROLAP logical models are conceived to support dimensions and facts representation, and at the same time to improve performance of OLAP queries, for example by denormalizing dimensions in the star schema (Kimball, 1996). Therefore, since a de facto standard for NoSQL logical model does not exist, then a dedicated benchmark for comparing the different proposal should be proposed. In (Dehdouh et al., 2014b), the authors propose a dedicated benchmark for NoSQL systems. However, this benchmark does not fit with our vision of Big Data Warehouse. Therefore, the *definition of OLAP workloads and logical models (i.e. benchmarks) (Cuzzocrea and Moussa, 2013) for Big Data Warehouse represent a mandatory future work.*

Finally, NoSQL systems are characterized by the absence of Integrity Constraints (ICs). ICs are defined as rules allowing the correctness of data. RDBMSs natively implement a set of ICs on tables attributes (not null, primary key, etc.) and relations references (e.g. foreign key). Others ICs can be easily implemented using triggers. In the context of relational DWs, ICs are defined on data using RDBMSs ICs and triggers, on aggregated values using triggers, and on visualization using OLAP client visualization policies (Boulil et al., 2014). Nowadays, some recent works investigate the implementation of ICs on the top of NoSQL DBMS. (Georgiev, 2013) implements using Map Reduce documents references ICs. (Curé et al., 2011) define a mapping framework, with an associated query language, for relational and NoSQL DBMS. Some other works study the translation from conceptual/relation schema to documents (Chevalier et al., 2015a). However, to the best of our knowledge, no work provides a mechanism to grant that the warehoused data is conform to the multidimensional model in schemaless DBMSs. In other terms, the *definition of ICs granting well formed warehoused data is an open issue* (how and where (in the NoSQL system or in the ETL system) these ICs should be implemented?).

4.2   Implementation

On one hand several efforts have been provided to address performance issues, leading to mature storage and computing technologies. On the other hand, the design of Big Data Warehouse has been few investigated. Therefore, in the same way as relational DWs (Mazón and Trujillo, 2009), we believe that Big Data Warehouses can also benefit from software engineering technologies, such as Model Driven Architecture (MDA). MDA is an approach for software development by using models. This framework separates the specification of system functionality in a Platform Independent Model (PIM) from the specification of the implementation of that functionality on a specific technology in a Platform Specific Model (PSM). Furthermore, the system requirements are specified in a Computation Independent Model (CIM). MDA not only allows the development of these models in a formal and integrated way by using a standard notation, but also the specification of model transformations in order to obtain the final software product.

As defined in (Mazón and Trujillo, 2009) in the context of relational DW, the PIM is represented by the conceptual multidimensional model (Mazón and Trujillo, 2009). The PSM usually represents the implementation of the relational star and snowflake schemas. Therefore, the PSM implementation is achieved by SQL scripts in a particular DBMS. Several conceptual (PIM) models for DWs have been proposed in the last years (Boulil et al., 2015). Several works propose an automatic transformation of those conceptual models to relational logical and physical models (PSMs) (Boulil et al., 2015), using sometime MDA (Mazón and Trujillo, 2009). Indeed, automatic implementation allows an error free implementation, which is translated into economic gains. In the context of NoSQL Big data warehouse no work studies the use of MDA for two main reasons: i) NoSQL technologies reached maturity on the last years, and ii) each NoSQL DBMS presents a particular PSM model with an associated ad hoc query language, which implies that there is not a direct mapping between the logical model and the PSM. By consequence, as defined in (Chevalier et al., 2015b), a new MDA layer should be investigated: the Logical PIM (LPIM), which represents a formal data structure for the multidimensional model which is related to a category of NoSQL database, but independent from the NoSQL DBMSs. Figure 1 shows an example of the layers of an hypothetical MDA implementation for a document DBMS.

4.3   Opportunities

Solving the previous described challenges offers different opportunities.

For first, with the MDA approach, it should be possible design and implement *new AGILE prototyping OLAP tools*. Indeed, it has been widely recognized that DWs implementation can effectively benefit from prototyping methodologies and tools (Bimonte et al., 2013) to reduce engineering efforts, which correspond to important time and economic gains.

Secondly, well established multidimensional NoSQL logical models will make possible to define *complete OLAP architectures*. Indeed, classical Relational OLAP architectures are com-

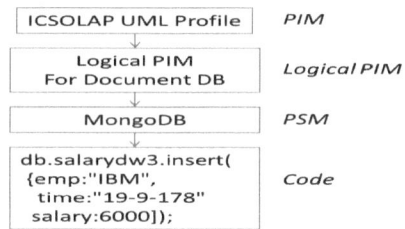

FIG. 1 – *MDA for NoSQL data warehouses*

posed of three tiers: the data warehouse tier where data is stored using a relational DBMS according to the star or snowflake schema, the OLAP server that translates MDX queries in SQL queries executed in the data warehouse tier; and the OLAP client that allows decision makers to visualize and trigger MDX queries by simply interacting with pivot tables and graphic displays. In this sense, well established multidimensional logical models will permit to industrial OLAP server providers to define transformation rules of MDX queries into NoSQL queries. Nowadays, some commercial OLAP suites, such as Pentaho, support this feature but the NoSQL DW has to be modeled as a relational one.

Thirdly, reference multidimensional NoSQL logical models could be used as base for the definition of *physical structures* such indexes, materialized views to speed up OLAP queries. Indeed, in the context of classical DWs several works propose indexes (such as bitmap, etc.) to improve response time of group by SQL queries on the top of the star and snowflake schemas.

5   Conclusion

Data Warehouse and OLAP systems allow analyze huge volume of data represented according to the multidimensional model. In the era of Big Data, NoSQL systems have been proved to be an effective solution for Business Intelligence. Some works recently study warehousing and OLAPing data stored using NoSQL systems, since they allow to scaling in time and space. These works do not take into account all features of Big Data (the 5 'V'). By consequence in this vision paper, we present our new definition of Big Data Warehouse. Moreover, we present the open issues related to the design of Big Data Warehouses. These issues are our current and future work.

6   Acknowledgment

This work has been partially supported by the Irstea's Captiven project of the ANR 11 CNRT 0003 programme "investissements d'avenir" valorisation PME.

References

Berrahou, L., N. Lalande, E. Serrano, G. Molla, L. Berti-Equille, S. Bimonte, S. Bringay, F. Cernesson, C. Grac, D. Ienco, F. L. Ber, and M. Teisseire (2015). A quality-aware spatial data warehouse for querying hydroecological data. *Computers & Geosciences 85*, 126–135.

Bimonte, S., É. Edoh-Alove, H. Nazih, M. Kang, and S. Rizzi (2013). Protolap: rapid OLAP prototyping with on-demand data supply. In *Proceedings of the sixteenth international workshop on Data warehousing and OLAP, DOLAP 2013, San Francisco, CA, USA, October 28, 2013*, pp. 61–66.

Boulil, K., S. Bimonte, and F. Pinet (2014). Spatial OLAP integrity constraints: From uml-based specification to automatic implementation: Application to energetic data in agriculture. *Journal of Decision Systems 23*(4), 460–480.

Boulil, K., S. Bimonte, and F. Pinet (2015). Conceptual model for spatial data cubes: A UML profile and its automatic implementation. *Computer Standards & Interfaces 38*, 113–132.

Bugiotti, F., L. Cabibbo, P. Atzeni, and R. Torlone (2014). Database design for nosql systems. In *Conceptual Modeling - 33rd International Conference, ER 2014, Atlanta, GA, USA, October 27-29, 2014. Proceedings*, pp. 223–231.

Bédard, Y., M.-J. Proulx, S. Larrivee, and E. Bernier (2002). Modeling multirepresentations into spatial data warehouses: A uml-based approach. In *Symposium on Geospatial Theory, Processing and Applications, Ottawa*.

Chen, H., R. H. L. Chiang, and V. C. Storey (2012). Business intelligence and analytics: From big data to big impact. *MIS Quarterly 36*(4), 1165–1188.

Chevalier, M., M. E. Malki, A. Kopliku, O. Teste, and R. Tournier (2015a). Implementation of multidimensional databases in column-oriented nosql systems. In *Advances in Databases and Information Systems - 19th East European Conference, ADBIS 2015, Poitiers, France, September 8-11, 2015, Proceedings*, pp. 79–91.

Chevalier, M., M. E. Malki, A. Kopliku, O. Teste, and R. Tournier (2015b). Implementation of multidimensional databases with document-oriented nosql. In *Big Data Analytics and Knowledge Discovery - 17th International Conference, DaWaK 2015, Valencia, Spain, September 1-4, 2015, Proceedings*, pp. 379–390.

Curé, O., R. Hecht, C. L. Duc, and M. Lamolle (2011). Data integration over nosql stores using access path based mappings. In *Database and Expert Systems Applications - 22nd International Conference, DEXA 2011, Toulouse, France, August 29 - September 2, 2011. Proceedings, Part I*, pp. 481–495.

Cuzzocrea, A., L. Bellatreche, and I. Song (2013). Data warehousing and OLAP over big data: current challenges and future research directions. In *Proceedings of the sixteenth international workshop on Data warehousing and OLAP, DOLAP 2013, San Francisco, CA, USA, October 28, 2013*, pp. 67–70.

Cuzzocrea, A. and S. Mansmann (2009). OLAP visualization. In *Encyclopedia of Data Warehousing and Mining, Second Edition (4 Volumes)*, pp. 1439–1446.

Cuzzocrea, A. and R. Moussa (2013). Multidimensional database design via schema transformation: Turning TPC-H into the tpc-h*d multidimensional benchmark. In *19th International Conference on Management of Data, COMAD 2013, Ahmedabad, India, December 19-21, 2013*, pp. 56–67.

Cuzzocrea, A., I. Song, and K. C. Davis (2011). Analytics over large-scale multidimensional data: the big data revolution! In *DOLAP 2011, ACM 14th International Workshop on Data*

Warehousing and OLAP, Glasgow, United Kingdom, October 28, 2011, Proceedings, pp. 101–104.

Davis (2012). *Ethics of Big Data: Balancing Risk and Innovation*. O Reilly Media.

Dehdouh, K., F. Bentayeb, O. Boussaid, and N. Kabachi (2014a). Towards an OLAP environment for column-oriented data warehouses. In *Data Warehousing and Knowledge Discovery - 16th International Conference, DaWaK 2014, Munich, Germany, September 2-4, 2014. Proceedings*, pp. 221–232.

Dehdouh, K., O. Boussaid, and F. Bentayeb (2014b). Columnar nosql star schema benchmark. In *Model and Data Engineering - 4th International Conference, MEDI 2014, Larnaca, Cyprus, September 24-26, 2014. Proceedings*, pp. 281–288.

Emani, C. K., N. Cullot, and C. Nicolle (2015). Understandable big data: A survey. *Computer Science Review 17*, 70–81.

Fischer, U., D. Kaulakiene, M. E. Khalefa, W. Lehner, T. B. Pedersen, L. Siksnys, and C. Thomsen (2012). Real-time business intelligence in the MIRABEL smart grid system. In *Enabling Real-Time Business Intelligence - 6th International Workshop, BIRTE 2012, Held at the 38th International Conference on Very Large Databases, VLDB 2012, Istanbul, Turkey, August 27, 2012, Revised Selected Papers*, pp. 1–22.

Floratou, A., N. Teletia, D. J. DeWitt, J. M. Patel, and D. Zhang (2012). Can the elephants handle the nosql onslaught? *PVLDB 5*(12), 1712–1723.

Georgiev, K. (2013). Referential integrity and dependencies between documents in a document oriented database. *GSTF Journal of Computing 2*.

Gómez, L. I., A. A. Vaisman, and S. Zich (2008). Piet-ql: a query language for GIS-OLAP integration. In *16th ACM SIGSPATIAL International Symposium on Advances in Geographic Information Systems, ACM-GIS 2008, November 5-7, 2008, Irvine, California, USA, Proceedings*, pp. 27.

Iftikhar, N. and T. B. Pedersen (2014). Using a time granularity table for gradual granular data aggregation. *Fundam. Inform. 132*(2), 153–176.

Kimball, R. (1996). *The Data Warehouse Toolkit: Practical Techniques for Building Dimensional Data Warehouses*. John Wiley.

Malinowski, E. and E. Zimányi (2006). Hierarchies in a multidimensional model: From conceptual modeling to logical representation. *Data Knowl. Eng. 59*(2), 348–377.

Mazón, J. and J. Trujillo (2009). An MDA approach for the development of data warehouses. In *XIV Jornadas de Ingeniería del Software y Bases de Datos (JISBD 2009), San Sebastián, Spain, September 8-11, 2009*, pp. 208–208.

Media, O. R. (2014). *Big Data Now: 2014 Edition*. O Reilly Media.

Miller, H. (2010). The data avalanche is here. shouldnŠt we be digging? *Journal of Regional Science 50*(1), 181–201.

Minsky, M. (1993). Allen newell, unified theories of cognition. *Artif. Intell. 59*(1-2), 343–354.

Stolte, C., D. Tang, and P. Hanrahan (2008). Polaris: a system for query, analysis, and visualization of multidimensional databases. *Commun. ACM 51*(11), 75–84.

Stonebraker, M., S. Madden, D. J. Abadi, S. Harizopoulos, N. Hachem, and P. Helland (2007).

The end of an architectural era (it's time for a complete rewrite). In *Proceedings of the 33rd International Conference on Very Large Data Bases, University of Vienna, Austria, September 23-27, 2007*, pp. 1150–1160.

Zhao, H. and X. Ye (2013). A practice of TPC-DS multidimensional implementation on nosql database systems. In *Performance Characterization and Benchmarking - 5th TPC Technology Conference, TPCTC 2013, Trento, Italy, August 26, 2013, Revised Selected Papers*, pp. 93–108.

Résumé

Les Entrepôts de données et les systèmes OLAP permettent d'analyser d'énormes volumes de données représentées selon le modèle multidimensionnel. À l'ère du Big Data, les systèmes NoSQL se sont montrés être une solution de Business Intelligence efficace. Certains travaux étudient l'entreposage et lŠanalyse en ligne du Big Data. (Mal)Heureusement ces travaux étudient exclusivement les performances du temps liées au volume et la vélocité du Big Data. Par conséquent, dans cet article, nous étudions l'impact des autres caractéristiques du Big Data : variété, véracité et valeur sur l'entreposage et l'analyse en ligne. Ensuite, nous allons au-delà des problématiques des performances de calcul, et nous mettons en évidence les problématiques ouvertes liées à la modélisation des entrepôts de données de Big Data.

Analyse des données textuelles : Une approche d'extraction de contenu sémantique et un opérateur d'agrégation Top_KRankedTopics

Sarah Attaf*, Nadjia Benblidia*
Omar Boussaid **

*Laboratoire LRDSI Département d'informatique
Faculté des sciences université Saad Dahlab Blida,
route de Soumaa BP 270 Blida(09000)
sarah.attaf@gmail.com
benblidia@yahoo.com
** Laboratoire ERIC University of Lyon 2,
5 AV. P. Mends-France 69676 Bron Cedex Lyon, France
omar.boussaid@univ-lyon2.fr

Résumé. La prise en compte de la sémantique des données textuelles lors d'une analyse OLAP est une tâche complexe, qui n'est pas prise en charge par les systèmes décisionnels classiques. Pour répondre à cette problématique, nous proposons dans cet article une nouvelle approche pour l'extraction des descripteurs sémantique des données textuelles afin de les utiliser dans l'analyse. L'approche proposée est basée sur l'utilisation de la méthode Latent Dirichelet allocation (LDA) et la taxonomie Open Directory Project (ODP) comme une source de connaissance externe pour identifier les sujets pertinents dans un document textuel. Notre approche vise à construire pour chaque document textuel une hiérarchie sémantique à base des concepts du ODP. Pour prendre en compte cette hiérarchie sémantique lors d'une analyse OLAP, nous proposons une fonction de pondération ainsi qu'un opérateur d'agrégation qui sélectionne les k premiers sujets et retourne pour chaque sujet une liste de documents pondérés.

1 Introduction

Le document électronique représente aujourd'hui un vecteur et un support d'information que les organisations ne doivent pas négliger. En effet, il est entendu que plus de 80 % des données nécessaires au fonctionnement d'une organisation sont encapsulées dans des documents, et non uniquement dans les bases de données opérationnelles. Ces données textuelles restent hors de portée des systèmes décisionnels, ce qui induit qu'une grande partie de l'information demeure inaccessible. Pour répondre à cette problématique et afin de pouvoir prendre profit des informations contenues dans ces documents, il est devenu plus que nécessaire d'intégrer ces données textuelles dans des systèmes d'information décisionnels permettant leur analyse.

Les systèmes décisionnels classiques ont déjà fait leurs preuves dans le domaine de l'analyse des données simples. Or ces systèmes ne sont pas adaptés à l'analyse des documents textes, ce qui met en évidence la nécessité de créer de nouveaux systèmes pour les données textuelles. L'entreposage de ces dernières demeure encore aujourd'hui une des difficultés majeures, et implique de nombreux problèmes, notamment ceux de leur modélisation et leur intégration d'une part et leur analyse d'autre part.

Les entrepôts de textes sont apparus comme une nouvelle solution, permettant une analyse multidimensionnelle des données textuelles. La nature complexe de ces données nécessite un traitement bien particulier, qui prend en compte leur sémantique. Dans la littérature, des méthodes de recherche d'information et de fouille de données ont donné de très bons résultats pour l'exploration des données textuelles. L'idée clef derrière ces entrepôts de textes est de faire un couplage entre les techniques de fouille de données et de recherche d'information d'un coté, et les techniques OLAP de l'autre coté. Ces derniers, permettent la navigation dans des cubes multidimensionnels d'une vue à une autre d'une manière interactive grâce aux opérateurs d'analyse de données OLAP qui accordent aux décideurs la possibilité d'exprimer des requêtes complexes et de donner une vision agrégée des résultats obtenus.

Dans la littérature, plusieurs travaux ont proposé des opérateurs d'agrégation pour agréger les données textuelles analysées, tel que TOP-KWK (Tournier et al., 2008) et le Tf-Idf adaptatif (Bringay et al., 2011). Cependant, la plupart de ces travaux sont basé sur le TF-IDF comme mesure d'analyse. Cela ne prend pas vraiment en compte la sémantique dans l'analyse OLAP des données textuelles. Par exemple, dans le cas des articles de presse, il est plus intéressant d'extraire des informations sur les sujets pertinents dans le document plutôt que d'extraire les termes les plus fréquents. Dans cet article, nous proposons : (1) une approche pour l'extraction des descripteurs sémantique dans un document textuel, (2) un opérateur d'agrégation pour l'analyse des données textuelles(Top_KRankedTopics), qui sélectionne les k premiers sujets et retourne pour chaque sujet une liste de documents pondérés.
La suite de l'article est organisée comme suit. La section 2 présente un état de l'art des travaux portant sur l'analyse multidimensionnelle des données textuelles ainsi qu'une étude comparative entre ces travaux. La section 3 présente notre approche d'extraction de sujets pertinents dans un documents textuel. La section 4 expose notre fonction de pondération qui permet de pondérer les sujets (topics) en fonction de leur représentativité dans les documents à agréger. La section 5 définit la fonction d'agrégation Top_KRankedTopics. Enfin la section 6 conclut l'article.

2 État de l'art

Dans les dernières années, le domaine de l'entreposage et l'analyse en ligne OLAP a connu un grand nombre de travaux traitants les données complexes. Ces travaux couvrent les différents aspect de stockage et d'analyse ; nous citons les travaux sur : l'intégration des données web(Bhowmick et al. (2003), Xyleme (2001)) ; les entrepôt de données multimédia (Pissaloux et al. (2001), Arigon et al. (2007), Vanea et Potolea (2011), Bleyberg (2000), McCabe et al. (2000)) ; les données semi-structurées représentés en XML(Extensible Markup Language)(Golfarelli et al. (2001), Vrdoljak et al. (2003), Park et al. (2005)) ; et le stockage des données non structurées (Inokuchi et Takeda (2007) ,Keith et al. (2006))...etc.

Les données textuelles représentent un type particulier des données complexes. Afin de les considérer dans l'analyse multidimensionnelles, plusieurs travaux ont été élaborés. Ces travaux sont groupés selon Attaf et Benblidia (2013) en deux catégorie :

1. Travaux avec des modèles extensifs, qui proposent d'étendre les modèles d'entrepôts traditionnels pour permettre l'analyse des données textuelles. Parmi ces travaux nous trouvons ceux qui proposent d'étendre les modèles d'entrepôts classiques en intégrant une dimension sémantique, tel que :

   - une hiérarchie de sujets dans *Topic Cube* Zhang et al. (2009), qui définit la hiérarchie de sujets '*Topics*' comme étant une dimension d'analyse et propose deux mesures probabilistes : la distribution d'un mot dans un thème *word distribution of a topic* $p(wi)$ et la couverture d'un thème par les documents *topic coverage by documents* $p(topic.j)$. La couverture d'un *topic* est la probabilité qu'un document dj couvre le *topic*. Ainsi, nous pouvons facilement prédire quel est le sujet dominant dans l'ensemble des documents en agrégeant la couverture sur tous les documents dans l'ensemble.

   - une hiérarchie de termes dans *Text Cube*, qui spécifie les relations sémantiques entre les termes textuels extraits des documents, ce qui permet une navigation sémantique dans les données textuelles grâce aux deux opérateurs qui lui sont associés : *pull-up* and *push-down*.

   - une *AP-Structure* basée sur les items fréquent nommée *AP-Sets* dans Bautista et al. (2010), obtenus par l'application de l'algorithme *apriori* sur les attributs textuels d'une base de données transactionnelle.

   D'autre travaux ont basé leurs modèles sur la technique de classification tel que :(i) *Doc Cube* Mothe et al. (2003), qui permet de produire des vues globales de grands corpus de documents, en utilisant la classification. Son élément de base est l'utilisation du concept hiérarchie afin de structurer les collections de documents, chaque hiérarchie correspond à une facette de documents 'dimension d'analyse' pour laquelle les utilisateurs peuvent être intéressés.(ii) *microtextcluster* Zhang et al. (2011), qui propose proposé d'introduire une nouvelle mesure d'analyse $(mean_i, size_i)$ qui représente respectivement le vecteur *mean* (un vecteur de termes pondérés) et la taille d'un *micro-cluster*, où un *micro-cluster* est une cellule texte qui permet de compresser les documents similaires (chaque cellule texte contient un certain nombre de documents). Cette compression (en *micro-cluster*) permet de retenir des informations sémantiques essentielles sur les cellules textuelles.

2. Travaux avec des modèles basés sur de nouveaux concepts. Parmi ces travaux nous citons le modèle en galaxie Tounier (2007), le modèle d'objets complexes Boukraa et al. (2011) et le modèle multidimensionnel sémantique d'objets textes (MSMTO) Attaf et al. (2014).

   Le modèle en galaxie est basé sur le concept galaxie. Une galaxie est définie comme étant un regroupement de dimensions liées entre elles par un ou plusieurs noeuds centraux ; chaque noeud modélise les dimensions compatibles pour une même analyse. Con modèle est basé sur la généralisation du concept de constellation de Kimball (Kimball, 1996).

Cette approche consiste à décrire un schéma multidimensionnel par l'unique concept de dimension où la notion de fait est supprimée. Le modèle d'objets complexe est basé sur le paradigme objet grâce auquel il est possible de représenter les objets de l'univers et de capter la sémantique qu'ils véhiculent, notamment dans les liens avec les autres objets. Ainsi ils modélisent le monde réel par un ensemble d'objets complexes qui décrivent les entités de ce dernier. Le modèle MSMTO intègre un nouveau concept contenu sémantique (*semantic content object*) qui permet de représenter la sémantique des données textuelles et de l'organiser sous forme hiérarchique, pour assurer une analyse sémantique sur différents niveaux de granularité.

Nous présentons dans ce qui suit, une étude comparative sur les différents travaux cités auparavant. Nous comparons l'ensemble de ces travaux par rapport à la prise en compte des cinq aspects suivants :

a. **L'aspect structurel :** la modélisation des données textuelles dans un but d'analyse peut considérer le document texte comme étant une donnée élémentaire. L'objectif consiste alors de structurer et de stocker les documents dans une base de documents textes et de les préparer à l'analyse, sans prendre en compte la structure interne des documents. Toutefois, cette approche de modélisation ne répond pas à toutes les exigences d'un décideur, tel que l'analyse des sections sportives d'un ensemble de journaux. Ce type d'analyse n'est pas supporté par cette approche car la structure interne des documents qui divise le document en plusieurs niveaux hiérarchiques, ce qui permet une analyse sur de différents niveaux de granularité, n'est pas prise en considération. Ainsi nous définissons un modèle qui prend en compte l'aspect structurel des documents, et permettant une analyse multidimensionnelle sur de différents niveaux structurels.

b. **L'aspect sémantique :** l'extraction et la représentation de la sémantique véhiculée dans les données textuelles présentent une problématique déjà traitée dans la littérature dans les domaines d'extraction de connaissances et de la recherche d'information. Tandis que dans les entrepôts de données, la prise en compte de cet aspect important dans la modélisation multidimensionnelle est une nouvelle problématique. Répondre à cette problématique reviens à trouver une manière d'incorporer la sémantique des données textuelles et de la modéliser au sein d'un cube de données.

c. **La flexibilité d'analyse :** dans les systèmes décisionnels classiques un fait représente un sujet d'analyse prédéfini. La définition d'un fait rend la spécification d'analyses peu flexible, car le décideur se voit contraint d'employer ces faits comme sujets. La flexibilité d'analyse est apparue comme un nouveau besoin exprimé par les décideurs. Elle réside dans le fait où le sujet d'analyse n'est pas prédéfini au préalable mais choisi au moment de l'analyse. Dans le domaine de l'analyse des données textuelles, nous percevons que le problème de flexibilité est assez complexe. Ainsi nous posons cette problématique autrement, lors d'une analyse textuelle, le contenu sémantique de ces données peut être vu comme étant une mesure d'analyse *(K-top keyword,Topic)*. Comme il peut être considéré comme étant un axe d'analyse. Donc assurer une bonne flexibilité revient à donner à ce contenu sémantique un double rôle.

d. **Mesure textuelle** : la modélisation reposant sur les concepts de fait et de dimension associés à des indicateurs numériques permet des analyses simples de documents textes.

Ces analyses reposent principalement sur le comptage de documents. Une bonne analyse de contenu des données textuelles doit prendre en compte les mesures textuelles.

e. **Opérateur OLAP spécifiques aux données textuelles** : les opérateurs OLAP appliqués aux données simples ne sont pas adaptés aux données textuelles. Les fonctions d'agrégation numériques telles que *somme*, *moyenne* s'appliquent bien sur des données numériques, mais ne permettant pas d'agréger les données textuelles. Donc définir de nouveaux opérateurs OLAP s'appliquant sur les données textuelles s'avère nécessaire.

Le tableau ci-dessous, présente une étude comparative des modèles présentés ci dessus.

Modèles d'entrepôts de textes	Familles de modèles		Mesure texte	Opérateurs OLAP		Aspect Sémantique	Aspect structurel	Flexibilité d'analyse
	Modèles extensifs	Modèles à nouveaux concepts		Fonctions d'agrégation	Opérateurs de navigation			
E.documents Khrouf et Dupuy (2001)		X	-	-	-	-	X	Bonne flexibilité
Mire Lee et al.(2002)	X		X	-	Drill down et Roll-up	-	-	Non flexible
DocCube Lee et al.(2002)	X		-	Score(Dd)	Drill down et Roll-up	X	-	Non flexible
D.cube Tseng et al.(2006)	X		-	Count	Drill down et Roll-up	-	-	Non flexible
Galaxie Tounier(2007)		X	X	AVG-KW, Top-KW	Drill down et Roll-up	X	X	Bonne flexibilité
TextCube Lin et al.(2008)	X		X	-	pull-up et push-down	X	-	Non flexible
TopicCube Zhang et al.(2009)	X		X	-	Drill down et Roll-up	X	-	Non flexible

MMAP-structure Bautista et al.(2010)	X		-	-	-	X	-	Non flexible
M.Cube Zhang et al.(2011)	X		-	-	-	X	-	Non flexible
MMOC Boukraa et al.(2011)		X	X	utilisation du Top-KW	Drill down et Roll-up	-	X	Bonne flexibilité
MSMTO Attaf et al.(2014)		X	X	utilisation du Top-KW	Drill down et Roll-up	-	X	Bonne flexibilité

TAB. 1: TABLEAU COMPARATIF

Malgré que ces travaux ont permis d'effectuer des analyses multidimensionnelles sur les données textuelles, nous constatons qu'ils sont toujours limités et ne traitent que quelques aspects de complexité liés à l'analyse de ce type de données.

La prise en compte de l'aspect sémantique des données textuelles lors d'une analyse OLAP est devenu primordial. Toute fois, l'extraction de ce contenu sémantique demeure toujours une des difficultés majeur qui implique de nombreux défis. Afin de traiter cette problématique nous proposons dans cet article une nouvelle méthode pour l'extraction des sujets pertinents dans un document textuel. l'approche proposée est basé sur l'utilisation de la méthode Latent Dirichelet allocation (LDA)Blei et Jordan (2003) et la taxonomie Open Directory Project (ODP) comme une source de connaissance externe pour identifier les sujets pertinents dans un document texte. Nous proposons aussi un opérateur d'agrégation Top_KRankedTopics qui restitue au décideur les K sujets les plus pertinents d'un ensemble de sujets à agréger.

3 Approche d'extraction du contenu sémantique des documents texte

Dans cette section nous présentons notre approche d'extraction du contenu sémantique des données textuelles.

Nous définissons le contenu sémantique comme étant l'ensemble des sujets pertinents, des phrases pertinentes,...etc. Pour détecter ce contenu sémantique de nombreuses applications proposent d'utiliser des modèles de sujets(topic models), qui sont une suite d'algorithmes permettant de dévoiler la structure thématique caché dans des collections de documents. Ces algorithmes nous aident à développer de nouvelles façons de rechercher, parcourir et résumer les grandes archives de textes. Une variété de modèles probabilistes de sujet comme LDA (Latent Dirichelet allocation) Blei et Jordan (2003), PLSA (Probabilistic latent semantic allocation) Zhang et al. (1999) ou LSA (Latent semantic analysis) Landauer et Dumais (1997) ont été utilisées pour analyser le contenu des documents et le sens des mots. Ces modèles utilisent la même idée fondamentale, qu'un document est un mélange de sujets. Chaque sujet est représenté par une distribution de mots $T_i(word_j / P(word_j | T_i)); i, j \in \mathbb{N}$ et la probabilité $P(T_i | Doc_k); i, k \in \mathbb{N}$, tel que $P(word_j | T_i)$ est la probabilité du mot $word_j$ dans le sujet $Topic_i$ et $P(T_j | Doc_k)$ est la probabilité du sujet $Topic_j$ dans le document Doc_k. Toute fois, la distribution de mots donnée pour chaque sujet nous nous permet pas d'extraire les concepts sémantique des sujets. Pour traiter cet aspect, nous proposons une approche qui associe l'utilisation de la méthode LDA avec la taxonomie ODP afin de reconstruire la sémantique de la distribution de mots. L'approche proposée est divisée en trois phases principales présentées dans la figure 1.

3.1 La préparation de données

Dans cette phase, un ensemble de traitements sont enchaînés sur le texte du document, afin de filtrer les termes pertinents en éliminant les segments de texte (tokens) non pertinents. Les principales tâches effectuées concernent :

1. La Tokenisation ou segmentation du texte ; elle consiste à parcourir le texte en vue de récupérer les termes et supprimer les caractères spéciaux et la ponctuation.

2. L'élimination des mots vides ; consiste à éliminer les mots outils de la langue en utilisant une liste de mots vides.

3. La Racinisation ou stemming ; consiste à trouver la racine des verbes fléchis et à ramener les mots pluriels et/ou féminins au masculin singulier.

Exemple. Considérons le document doc_1 composé du texte suivant : "ETL is a process in data warehousing responsible for pulling data out of the source systems and placing it into a data warehouse." . En appliquant la phase préparation de données, on obtiendra : doc_1= "be process data warehouse responsible pull data source system place data warehouse"

3.2 Extraction des domaine ODP des documents texte

Dans cette étape, nous identifions pour chaque document texte, son domaine ODP en utilisant textwise API [1]

Exemple. Considérons les documents $Doc_1; Doc_2; ...Doc_n$. Par identifier les domaines des documents nous obtenons $ODP\_Domain(Doc_1 = Sport); ODP\_Domain(Doct_2 = Society)...ODP\_Domain(Doc_n = ...)..$etc.

3.3 Extraction des sujets via LDA

Afin d'extraire les sujets cachés dans le corpus de texte, nous appliquant le modèle LDA sur les document nettoyé. Pour ce fait, nous devons définir le nombre de sujets et le nombre de mots attribués à chaque sujet. Alors, chaque sujet est représenté par une distribution de mots, ex : $T_0\{low(0.5); stadium(0.8); sport(0.7); major(0.2); fight(0.2); football(0.4)\}$ avec une matrice qui définit le poids de chaque sujet dans chaque document :

---

[1]http ://www.textwise.com/demo

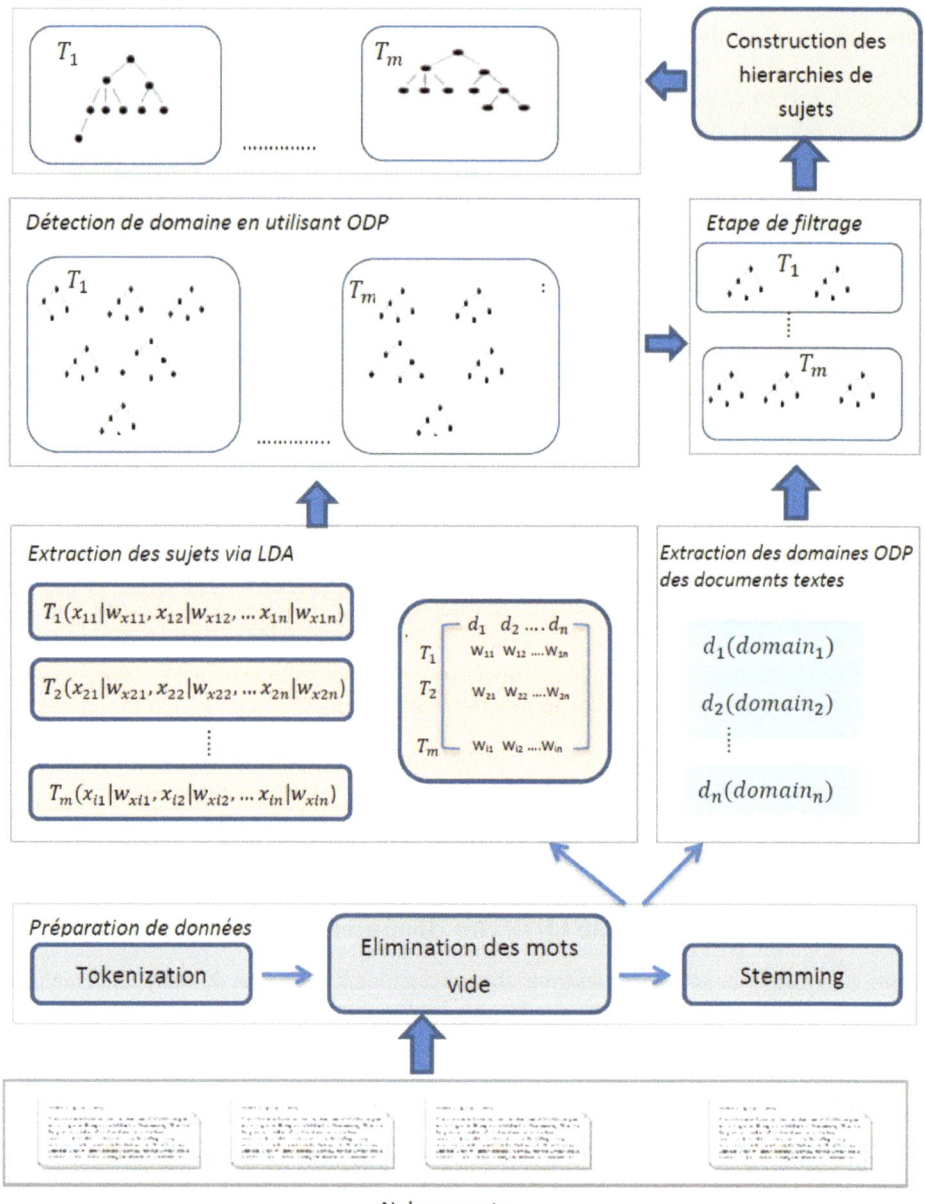

FIG. 1 – *System Architecture*

3.4   Détection de domaine en utilisant ODP

Les sujets obtenus en appliquant la méthode LDA sont donnés par une distribution de mots, alors on ne peut pas identifier les concepts sémantique de ses sujets. Pour répondre

$$
\begin{array}{c c c c c}
 & Doc_1 & Doc_2 & ... & Doc_k \\
T_1 & \begin{pmatrix} 0,6 & 0,1 & ... & 0,3 \\ 0,2 & 0,6 & ... & 0,2 \\ 0,35 & 0,05 & ... & 0,6 \\ 0,35 & 0,05 & ... & 0,6 \end{pmatrix}
\end{array}
$$

TAB. 2 – *Matrice représentant le poids de chaque sujet par document*

à cette problématique, nous proposons de présenter chaque sujet comme une distribution de domaines, en identifiant pour chaque mot dans la distribution d'un sujet tous les domaine ODP avec leurs différents niveau. Afin de présenter chaque sujet par un ensemble de hiérarchies de domaines basé sur ODP, nous générons pour chaque mot toutes les hiérarchies possible à partir de la taxonomie ODP.

3.5 Etape de filtrage

Un mot représente une unité très spécifique et peut être connecté à plusieurs domaine ODP. Alors, certaines hiérarchies de concepts obtenues en appliquant l'étape précédente, peuvent être considéré comme non pertinentes pour un document. Comme les domaines de document ainsi que les hiérarchies de concepts représentants les sujets sont basés sur ODP, nous définissons une hiérarchie de concepts comme étant non pertinente pour un document donné, si la racine de cette dernière est différente du domaine du documents. Dans cette étape, nous éliminons toutes les hiérarchies non pertinente.

Example. Considérons le document doc_1 avec domaine égale à $Sport$ et le sujet $Topic_0$ donné par la distribution de mot suivante : $Topic_0$ {low(0.5) ; stadium(0.8) ; sport(0.7) ; major(0.2) ; fight(0.2) ; football (0.4)}. La figure 2 présente un exemple de hiérarchies pertinentes et non pertinente basé sur ODP pour le mot *Stadium*.

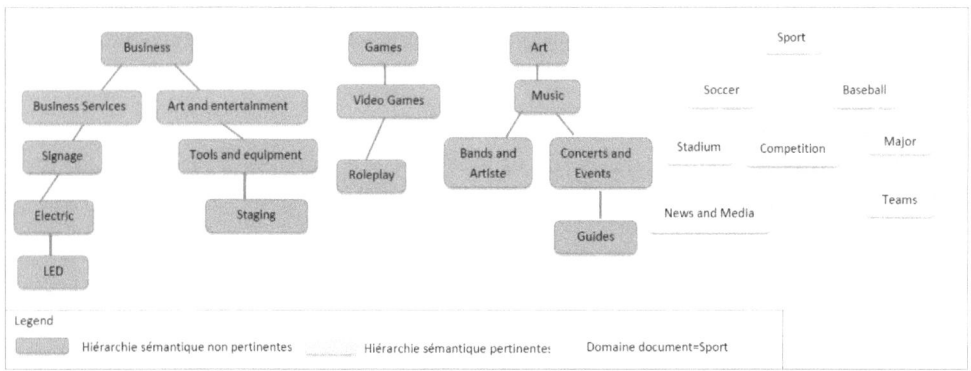

FIG. 2 – *Exemple de hiérarchies pertinentes et non pertinentes pour le mot Stadium*

3.6   Construction des hiérarchies sémantiques

Dans cette phase, nous construisons pour chaque document textuel une hiérarchie séman-tique, en combinant les hiérarchies de concepts qui lui ont été identifier par l'étape de filtrage.

4   Fonction de pondération

Dans la section précédente, nous avons proposé une approche pour la construction d'une hiérarchies sémantique basé sur les concepts de la taxonomie ODP, pour donner une repré-sentation sémantique de chaque document textuel. Dans cette section, nous présentons une fonction de pondération qui calcule la probabilité de chaque concept dans chaque document texte. Notre fonction de pondération est décrit par la formule suivante :

$$P(Concept_j, Document_m) = \sum_{k=1}^{n} \sum_{i=1}^{l} \frac{Nconcept_j}{Nconcept} * P(w_i|topic_k) * P(topic_k|Doc_m) \quad (1)$$

tel que :

- $Nconcept_j$ est le nombre d'occurrence du $concept_j$ avec le mot $word_i$ en utilisant la taxonomie ODP.

- $Nconcept$ est le nombre de tous les concepts avec le mot $word_i$ en utilisant ODP.

- $P(w_i|topic_k)$ est la probabilité du mot $word_i$ dans $topic_k$.

- $P(topic_k|Doc_m)$ est la probabilité du sujet $topic_k$ dans le document Doc_m.

5   Opérateur d'agrégation $Top\_K\,RankedTopics$

Notre opérateur d'agrégation $Top_K\,RankedTopics$ agrège un ensemble de document par : (1) sélectionner les K sujets les plus pertinent (ayant le plus grand poids), (2) pondérer ces documents selon la hiérarchie sémantique qui les représente(obtenue en appliquant l'approche décrit dans la section 3). Notre fonction d'agrégation est basé sur la fonction de pondération donnée par (1) pour le calcul du poids. Notre opérateur d'agrégation sélectionne les k premiers sujets et retourne pour chaque sujet une liste de documents pondérés.

Exemple. Considérons une requête q_1, dans laquelle le décideur veut analyser les deux su-jet les plus pertinent dans les journaux de presse pour date= {"2014" ;"2013"} ; Location={"Syria" ;"Fr les résultats présentés dans la figure 3 sont obtenus par l'application de notre opérateur d'agré-gation.

6   Expérimentation

Pour valider nos propositions, une étape d'évaluation est plus que nécessaire. la section 6.1 présente le corpus de données utilisé dans nos expérimentation. Les sections 6.2 décrit notre protocole expérimental.

Documents	weight	Rank
Doc₄	0.713	1
Doc₃	0.562	3
Doc₁	0.701	2
Doc₂	0.542	4

Top_RRank (Documents)		Year	
		2013	2014
Country	Syria	Religion	Aid and development
		Business	
			Civil war
	France	Business	Politics
		Tourism	football

FIG. 3 – *Exemple d'analyse utilisant Top_KRankedTopics*

TAB. 3 – *corpus de données*

Mois	Totale des documents	Totale des mots
1	254	76300
2	595	105450
3	510	89502
4	300	82404
5	405	81318
6	577	102005

6.1 Présentation du corpus

Pour faire nos expérimentations, nous avons constitué un corpus de taille moyenne d'article de presse. Nous avons utilisé pour cela le site Europe Topics sur le premier semestre de l'année 2014 [1]. Nous avons utilisé apache[1] pour extraire le texte des fichiers html. Nous avons séparé les données sur 6 mois, comme indiqué sur le tableau 3.

6.2 Protocole expérimental

Notre protocole expérimentale peut être divisé on trois principaux procédures :

- Nous construisons un cube de données sémantique basé sur notre modèle MSMTO.

- Nous implémentons notre méthode d'extraction de contenu sémantique afin d'alimenter la dimension sémantique dans notre cube de données.

- Nous effectuons un teste pour évaluer notre opérateur d'agrégation

---

[1] http ://www.eurotopics.net/fr/home/presseschau/aktuell.html
[1] Ti-ka23http ://www.tika.apache.org

6.3 Résultats

Afin d'évaluer notre opérateur d'agrégation $Top\_KRankedTopics$, nous avons mené une série de testes sur un cube de données construit en se basant sur le modèle MSMTO. Nous avons demandé à un décideur d'émettre des requêtes d'analyse. Nous considérons une requête, dans laquelle, le décideur veut analyser les deux sujets pertinents des article de presse pour : Time = "2014", Country = "Algeria". Les résultats sont présentés dans la figure 3.

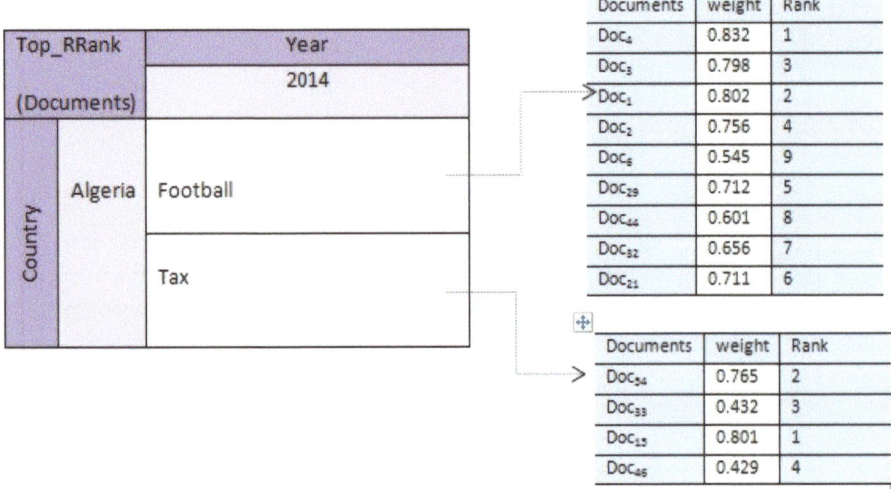

FIG. 4 – *Évaluation du Top_KRankedTopics*

Après avoir examiner les résultats, le décideur juge qu'ils sont pertinent à sa requête d'analyse.

7 Conclusion

Analyser les données textuelles afin de pouvoir tirer profit des informations qu'elles contiennent est devenu essentiel, à cause de leurs volumes importants et de la quantité d'information qu'elles contiennent. Nous avons présenté dans cet article un état de l'art ainsi qu'une étude comparative sur différents travaux traitants l'analyse des données textuelles. Nous avons proposé aussi une nouvelle approche pour l'extraction du contenu sémantique des documents texte. L'approche proposée vise à construire pour chaque document texte une hiérarchie sémantique qui le représente. Afin de mieux profiter de cette hiérarchie sémantique, nous avons proposé une fonction de pondération et un opérateur d'agrégation qui sélectionne les k premiers sujet et retourne pour chaque sujet une liste de documents pondérés.

Références

Arigon, A., M. Miquel, et A. Tchounikine (2007). Multimedia data warehouses : a multiversion model and a medical application. *Multimedia Tools Appl. 35*(1), 91–108.

Attaf, S. et N. Benblidia (2013). Modelisation multidimensionnelle des donnees textuelles ou en sommes-nous ? In *ASD Conference Proceedings*, pp. 3–25. Conference maghrebine sur les avancees des systemes decisionnels.

Attaf, S., N. Benblidia, et O. Boussaid (2014). The multidimensiional semantic model of text objects : A frame work for text data analysis. In *Lecture Notes in Computer Science (LNCS)*, pp. 3–25. Internationnal Conference on Model ans Data Engineering.

Bautista, M., C. Molina, E. Tejeda3, et A. Vila (2010). Using textual dimensions data warehousing processes. In *International Conference, IPMU, Dortmund, Germany*, pp. 158–167. IPMU.

Bhowmick, S. S., S. K. Madria, et W. K. Ng (2003). Representation of web data in A web warehouse. *Comput. J. 46*(3), 229–262.

Blei, D.M.and Ng, A. et M. Jordan (2003). Latent dirichlet allocation. *Journal of Machine Learning Research 3*(2), 993–1022.

Bleyberg, M., a. G. K. (2000). Dynamic multi-dimensional models for text warehouses in : Systems, man, and cybernetics. In *Lecture Notes in Computer Science (LNCS)*, pp. 2045–2050. IEEE International Conference.

Boukraa, D., O. Boussaid, F. Bentayeb, et D. Zegour (2011). Modle multidimensionnel d'objets complexes : Du modele d'objets aux cubes d'objets complexes. *Ingénierie des Systèmes d'Information 16*.

Bringay, S., N. Béchet, F. Bouillot, P. Poncelet, M. Roche, et M. Teisseire (2011). Analyse de gazouillis en ligne. In *Actes des 7èmes journées francophones sur les Entrepôts de Données et l'Analyse en ligne, Clermont-Ferrand, France, EDA 2011, Juin 2011*, pp. 87–102.

Golfarelli, M., S. Rizzi, et B. Vrdoljak (2001). Data warehouse design from XML sources. In *Proceedings of the 4th ACM International Workshop on Data Warehousing and OLAP (DOLAP 2001), Atlanta, Georgia, USA, November 9, 2001*, pp. 40–47.

Inokuchi, A. et K. Takeda (2007). A method for online analytical processing of text data. In *Proceedings of the Sixteenth ACM Conference on Information and Knowledge Management, CIKM 2007, Lisbon, Portugal, November 6-10, 2007*, pp. 455–464.

Keith, S., O. Kaser, et D. Lemire (2006). Analyzing large collections of electronic text using OLAP. *CoRR abs/cs/0605127*.

Kimball, R. (1996). *The data warehouse toolkit: Practical Techniques for Building Dimensional Data Warehouses,*. John Wiley and Sons.

Landauer, T. et S. Dumais (1997). A solution to Plato's problem: The Latent Semantic Analysis theory of the acquisition, induction, and representation of knowledge. *Psychological Review 104*, 211 – 240.

McCabe, M. C., J. Lee, A. Chowdhury, D. A. Grossman, et O. Frieder (2000). On the design and evaluation of a multi-dimensional approach to information retrieval. In *SIGIR*, pp. 363–365.

Mothe, J., B. Chrisment, C.and Dousset, et J. Alaux (2003). Doccube: Multi-dimensional visualisation and exploration of large document sets. *Journal of the American Society for Information Science and Technology 54*, 650–659.

Park, B., H. Han, et I. Song (2005). XML-OLAP: A multidimensional analysis framework for XML warehouses. In *Data Warehousing and Knowledge Discovery, 7th International Conference, DaWaK 2005, Copenhagen, Denmark, August 22-26, 2005, Proceedings*, pp. 32–42.

Pissaloux, E., J. You, J. Liu, et T. S. Dillon (2001). On hierarchical multimedia information retrieval. In *ICIP (2)*, pp. 729–732.

Tounier, R. (2007). *Analyse en ligne (OLAP) de documents*. Thèse de doctorat, Universit Toulouse III . Paul Sabatier.

Tournier, R., vGeneviève Pujolle, F. Ravat, et O. Teste (2008). Fonctions d'agrégation pour l'analyse en ligne (OLAP) de données textuelles. fonctions top_kwk et avg_kw opérant sur des termes. *Ingénierie des Systèmes d'Information 13*(6), 61–84.

Vanea, A. et R. Potolea (2011). Semantically enhancing multimedia data warehouses - using ontologies as part of the metadata. In *ICEIS 2011 - Proceedings of the 13th International Conference on Enterprise Information Systems, Volume 1, Beijing, China, 8-11 June, 2011*, pp. 163–168.

Vrdoljak, B., M. Banek, et S. Rizzi (2003). Designing web warehouses from XML schemas. In *Data Warehousing and Knowledge Discovery, 5th International Conference, DaWaK 2003, Prague, Czech Republic, September 3-5,2003, Proceedings*, pp. 89–98.

Xyleme, L. (2001). A dynamic warehouse for XML data of the web. *IEEE Data Eng. Bull. 24*(2), 40–47.

Zhang, D., C. Zhai, et J. Han (1999). Probabilistic latent semantic indexing. pp. 50–57. SIGIR.

Zhang, D., C. Zhai, et J. Han (2009). Topic cube: Topic modeling for olap on multidimensional text databases. In *SDM '09: Proceedings of the 2009 SIAM International Conference on Data Mining, Sparks, NV, USA"*, pp. 1124–1135. SDM 09.

Zhang, D., C. Zhai, et J. Han (2011). Mitexcube:microtextcluster cube for online analysis of text cells. pp. 204–218. The NASA Conference on Intelligent Data Understanding (CIDU).

Summary

The consideration of textual data semantic in OLAP analysis is a complex task, which is not supported by traditional business intelegence systems. To address this problem, we propose a new approach for semantic descriptors extraction of textual data for analysis purpuses. The proposed approach is based on the use of Latent Dirichelet allocation method (LDA) and Open Directory Project (ODP) taxonomy as an external source of knowledge, to identify relevant topics in text documents. Our approach is to build for each text document a semantic hierarchy based on ODP concepts. To make this semantic hierarchy usfull in an OLAP analysis; we propose a weighting function and an aggregation operator that selects the first k subject and returns for each

Entrepôt de Données dans l'ère Data Science : De la Donnée au Modèle

Cyrille Ponchateau, Ladjel Bellatreche, Mickael Baron

LIAS/ISAE-ENSMA, Université de Poitiers
Téléport 2 - 1 avenue Clément Ader - BP 40109,
86961 Futuroscope Chasseneuil Cedex
France
firstname.lastname@ensma.fr

Résumé. Dans l'ère Data Science, un nombre important de domaines scientifiques souhaitent analyser leurs données. Souvent dans ces domaines, les données des tests sont représentées par des séries chronologiques. Ces dernières sont une classe de données temporelles, comprenant un enregistrement chronologique de valeurs, considérées comme un tout et non comme une liste de données individuelles et indépendantes. De plus, les séries chronologiques sont généralement composées d'un grand nombre de valeurs et peuvent être stockées dans des bases de données classiques, parfois en très grande quantité. Dans cet article, nous proposons un moyen de stockage des séries chronologiques, par abstraction de la série par son modèle (équation différentielle), conduisant ainsi à la notion nouvelle d'*entrepôt de modèles* ayant pour but de proposer une autre représentation des séries chronologiques et une solution alternative de stockage. Cependant, cette méthode induit un coût non-négligeable en temps de calcul. Notre proposition est implémentée et validée en utilisant des données réelles issues des expérimentations du domaine de l'automatique.

1 Introduction

Les dernières « avancées » en matière des technologies de l'information, matériels, de plateformes de déploiement de grande puissance et de la maturité de la technologie d'entreposage de données ont motivé un nombre important d'organismes industriels et de recherche afin de stocker leurs expérimentations à des fin d'analyse. Souvent, les données générées par ses expérimentations sont représentées par des séries chronologiques.

Les séries chronologiques sont une classe de données temporelles, comprenant un enregistrement chronologique de valeurs. Une série chronologique est considérée comme un tout et non comme une liste de données individuelles et indépendantes (Fu (2011); Esling et Agón (2012)). En effet, il existe une corrélation entre la valeur d'un point et les valeurs des points adjacents, aucune valeur ne peut donc être considérée comme totalement indépendante des autres Shumway et Stoffer (2015). De plus, ces dernières sont généralement composées d'un grand nombre de valeurs, parfois continuellement mises à jour. Les séries chronologiques peuvent être représentées, stockées et traitées sous leur forme temporelle ou spectrale Shumway et Stoffer (2015).

Les séries chronologiques trouvent leur intérêt dans de nombreux domaines, de la médecine (électrocardiogramme Fu (2011)) à l'économie (évolution des stocks et des coûts Fink et Gandhi (2007)) en passant par la météorologie (températures journalières Fu (2011)) ou l'astrophysique Hetland (2004). Elles sont de plus en plus volumineuses et leur analyse et leur traitement est un domaine de recherche à part entière depuis plusieurs années Fu (2011). Elles peuvent être stockées dans des bases de données classiques, parfois en très grandes quantités Zeira et al. (2004) et peuvent alimenter des algorithmes d'apprentissage incrémental, consistant à la déduction d'un modèle à partir des données existantes et à la mise à jour de ce dernier à l'aide de nouvelles données entrantes. Un modèle donné a besoin d'un contexte et il peut être intéressant de conserver l'historique des modèles.

Le traitement des séries chronologiques pose trois problèmes majeurs qui sont Esling et Agón (2012) : représenter une série de manière la plus optimale en termes d'espace de stockage, avec le minimum de perte de précision par rapport à la série originale ; définir la notion d'égalité de deux séries et la notion de distances entre séries, à des fins de comparaison ; trouver une indexation des éléments d'une série, qui soit peu encombrante en termes d'espace de stockage et n'introduise pas trop de complexité en termes de calcul. Devant cette explosion de séries chronologiques, la question que nous aimerions partager avec la communauté d'entreposage de données est la suivante : *Devons-nous continuer à stocker la donnée ou le modèle qui la génère ?*

Le stockage de la donnée ou du modèle conduiront aux mêmes problématiques que les entrepôts classiques Vaisman et Zimanyi (2014). Cependant, la connaissance du modèle apporte une meilleure compréhension du phénomène étudié, que les données brutes. En conséquence, nous proposons de stocker le modèle, qui peut, par ailleurs, être utilisé pour régénérer la donnée en cas de besoin. Une des difficultés de substituer la donnée par le modèle est la partie ETL et surtout les algorithmes de nettoyage qui peuvent faire appel à des méthodes d'analyse numérique comme Euler.

Ainsi, nous proposons, dans cet article, une démarche complète d'entreposage des *modèles des séries chronologiques*, tout en explicitant les étapes suivantes : la construction du schéma de l'entrepôt de modèle, la phase ETL (en utilisant Talend Open Studio [1]), et la phase déploiement.

Cet article comporte les sections suivantes : la section 2 présente le contexte de l'étude. La section 3 présente d'une manière détaillée les concepts et les notions fondamentaux pour faciliter la compréhension de notre proposition. La section 4 décrit en détail notre proposition en illustrant ses différentes étapes. La section 5 présente une validation de l'approche à travers des expérimentations obtenues en utilisant des données issues de l'automatique. Enfin, la section 6 récapitule les principaux résultats et donne les perspectives à explorer.

2 Contexte

Un cas d'étude consistait à proposer un système de stockage d'équations différentielles en collaboration avec des automaticiens. Ces derniers sont confrontés à l'utilisation de séries

---

1. Talend Open Studio est un logiciel open source développé par la société Talend. Il permet de définir un processus ETL à l'aide d'une interface graphique : https ://fr.talend.com/

TimeStamp	Value
0.0000000e+00	0.0000000e+00
1.0000000e+00	9.4105346e-02
2.0000000e+00	1.8452077e-01
3.0000000e+00	2.7139095e-01
4.0000000e+00	3.5485491e-01
5.0000000e+00	4.3504619e-01
6.0000000e+00	5.1209313e-01
7.0000000e+00	5.8611902e-01
8.0000000e+00	6.5724231e-01
9.0000000e+00	7.2557682e-01
1.0000000e+01	7.9123189e-01
1.1000000e+01	8.5431259e-01
1.2000000e+01	9.1491986e-01
1.3000000e+01	9.7315068e-01
1.4000000e+01	1.0290982e+00
1.5000000e+01	1.0828521e+00
1.6000000e+01	1.1344982e+00
...	...

FIG. 1: Exemple de série chronologique (17 premiers éléments sur 1000) Albert (2015)

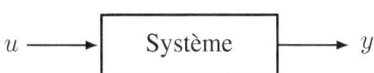

FIG. 2: Représentation d'un modèle sous forme de schéma bloc Albert (2015)

chronologique pour suivre l'évolution des valeurs renvoyées par un capteur, par échantillonnage, ce type d'utilisation est d'ailleurs mentionné dans Hetland (2004). Les valeurs mesurées doivent ensuite être analysées selon trois étapes. Tout d'abord le choix d'un type de modèle. Dans notre cas, il s'agit soit d'une équation différentielle, soit d'une représentation d'états, le choix a été fait de travailler sur les équations différentielles. Ensuite, il faut choisir un critère permettant de mesurer la conformité de la série chronologique au modèle choisi, puis la comparaison entre le modèle et les données expérimentales (séries de mesures) est réalisée afin de valider ou invalider le modèle choisi Albert (2015).

Le tableau 1 montre un exemple de série chronologique (données fournies par l'équipe d'automatique, la série complète contient mille éléments), la première colonne représente le temps, la seconde les valeurs. La figure 2 montre comment un modèle est représenté en automatique, le bloc Système correspond à une équation différentielle, qui permet de relier l'entrée u à la sortie y. L'équation correspondant à la série présentée est également fournie par l'équipe d'automatique (voir équation 5, section 4).

Nous cherchons donc à proposer un moyen de stockage des équations différentielles. Un moyen qui permettrait d'abstraire les données expérimentales par leur modèle et de confronter plusieurs séries de données expérimentales aux modèles.

L'idée de l'*entrepôt de modèles* a pour but de proposer une autre représentation des séries chronologiques (par leur modèle), une solution de stockage alternative (par stockage du modèle) et d'adapter les divers outils d'analyse des données et de requêtes, afin d'en faciliter la gestion, l'analyse et le traitement.

3 Notions essentielles

3.1 Représentation des séries chronologiques

Le stockage et l'analyse des séries chronologiques est un domaine de recherche très vaste étudié par les personnes de bases de données et en reconnaissance de formes ou de motifs Fu (2011). De nombreuses techniques de représentation et de stockage des séries chronologiques existent. Ces dernières se scindent en deux principaux sous-types : les représentations temporelles et spectrales.

3.1.1 Représentations temporelles

Parmi les représentations temporelles, la méthode la plus simple consiste à échantillonner la série en utilisant un écart fixe entre les points d'échantillonnage Fu (2011). Cependant cette méthode introduit une perte d'information extrêmement importante pour des taux de compression élevés. Il existe ainsi une méthode d'approximation par agrégats locaux, appelée "Piecewise Aggregate Approximation" (PAA), qui prend la moyenne entre deux points d'échantillonnage. Une amélioration de cette dernière méthode consiste à utiliser un écart variable entre les points d'échantillonnage, appelée "Adaptative Piecewise Constant Approximation" (APCA), afin d'adapter cet écart aux variations de la série. Une autre méthode de compression consiste à rechercher uniquement les points extremums de la série et une amélioration de cette méthode consiste à n'en conserver que les plus significatifs. Il s'agit d'une méthode nommée "Important Extrema" (IE) détaillée dans Fink et Gandhi (2007).

Les séries temporelles peuvent également être approximées par des lignes droites (Keogh et al. (2001) et Fu (2011)), qui peuvent être construites par approximation linéaire par partie, où un ensemble de points consécutifs est approximé par la droite reliant le premier et le dernier point de l'ensemble dans l'ordre chronologique, ou par régression linéaire, qui consiste à approximer un ensemble de points consécutif par une droite passant au mieux par tous les points de l'ensemble. La méthode par régression linéaire comprend une étape préliminaire de recherche des points remarquables de la série (Perceptually Important Points).

Une représentation symbolique de la série peut également être réalisée Hetland (2004) et Fu (2011), en discrétisant la série avec un ensemble de segments à qui un symbole est ensuite attribué. La méthode connue la plus efficace étant l'approximation symbolique par partie, nommée Symbolic Aggregate approXimation (SAX) Esling et Agón (2012), qui consiste à appliquer la méthode d'approximation par agrégats locaux et d'en convertir les résultats en une chaîne de caractères, dite symbolique Fu (2011).

3.1.2 Représentations spectrales

Dans le domaine spectral, la série subit un certain nombre d'opérations, qui conduisent à une représentation de la série selon un point de vue fréquentiel. La transformée de Fourier Discrète (Discrete Fourier Transform), permet de donner une décomposition spectrale discrète d'une série chronologique (Fu (2011) et Shumway et Stoffer (2015)) et il est également possible de décomposer la DFT en partie réelle et partie imaginaire, qui sont respectivement la transformée en cosinus discrète et la transformée en sinus discrète (Shumway et Stoffer (2015) et Esling et Agón (2012)). Plus récemment, la transformée en ondelettes discrètes (Discrete Wavelet Tranform) s'est imposée comme une excellente alternative à la DFT.

3.2 Détection de séries similaires

Afin de détecter des séries similaires, la notion de distance entre séries doit être définie. Le choix d'une distance est très dépendant du domaine Shumway et Stoffer (2015) scientifique, dont la série dépend. La distance Euclidienne est la distance la plus utilisée Fu (2011), mais n'est pas forcément la plus adaptée à tous les domaines. Par exemple, elle s'adapte mal à la notion abstraite de forme, qui est intuitive chez l'être humain, et ne permet donc pas de détecter des formes d'évolution similaire (notamment la périodicité). Cependant, dans Esling et Agón (2012), les auteurs expliquent tout de même que pour des séries de grandes tailles, la distance Euclidienne reste une méthode de comparaison suffisante.

La détection de séries similaires peut se faire selon quatre types de méthodes, chacune nécessitant la définition d'une distance appropriée : par comparaison de la forme globale des séries ; par comparaison du nombre minimal d'opérations nécessaires pour transformer les séries en une troisième ; par extraction des caractéristiques des séries afin de comparer les caractéristiques entre elles ; par comparaison sur une structure de plus haut niveau. Une des approches est l'affectation d'un modèle à chaque série, puis par comparaison des paramètres des modèles entre eux.

3.3 Résolution numérique d'une équation différentielle

Il existe diverses méthodes de résolution numérique d'équations différentielles Press et al. (2002), qui ont pour but de calculer des valeurs de la fonction solution à partir d'une solution initiale, notée x_0 à l'instant t_0. L'écart temporel entre les valeurs calculées est fixé avant l'application de la méthode et est noté h. Ainsi on aura : $t_n = t_0 + n * h$. Nous nous limiterons ici aux équations différentielles linéaires d'ordre 1, qui peuvent être écrites sous la forme : $\dot{x}(t) = f(t, x(t))$.

3.3.1 Les méthodes d'Euler

Euler explicite La méthode d'Euler explicite repose sur les approximations suivantes :

$$\dot{x}(t) \approx \frac{x(t_{n+1}) - x(t_n)}{t_{n+1} - t_n} \ et \ f(t, x(t)) \approx \ f(t_n, x(t_n)) \tag{1}$$

pour t au voisinage de t_n.

Ainsi, on obtient, à l'aide de l'équation différentielle : $\frac{x(t_{n+1}) - x(t_n)}{t_{n+1} - t_n} \approx f(t_n, x(t_n))$

Ce qui donne la formule de la méthode d'Euler explicite :

$$x_{n+1} = x_n + h * f(t_n, x_n) \tag{2}$$

Avec : $x_n = x(t_n)$ et $h = t_{n+1} - t_n$.

Euler implicite La version implicite de la méthode d'Euler consiste à prendre t dans le voisinage de t_{n+1} conduisant à l'approximation de $f(t, x(t))$ par $f(t_{n+1}, x_{n+1})$. Ce qui donne la formule de la méthode d'Euler implicite :

$$x_{n+1} = x_n + h * f(t_{n+1}, x_{n+1}) \tag{3}$$

La méthode est dite implicite, car le calcul de x_{n+1} dépend de lui-même.

3.3.2 Runge-Kutta d'ordre N

La méthode de Runge-Kutta d'ordre 1 est équivalente à la méthode d'Euler explicite. Les méthodes d'ordre supérieur consistent à utiliser des points intermédiaires pour le calcul de x_{n+1} à partir de x_n. La méthode de Runge-Kutta d'ordre 2 est également appelée la méthode du point milieu, puisque le calcul de x_{n+1} repose sur une évaluation de $x_{n+\frac{1}{2}}$ avec : $x_{n+\frac{1}{2}} = x(t_n + \frac{h}{2})$.

L'utilisation d'étapes supplémentaires permet de réduire l'ordre de l'erreur commise sur les valeurs calculées. La méthode d'Euler explicite (ou Runge-Kutta d'ordre 1) est dite d'ordre 1 car l'erreur commise $e_n = x_n^{th} - x_n$ est un $O(h^2)$, où x_n^{th} est la valeur que prendrait x au point t_n s'il était possible de résoudre l'équation et d'obtenir la formule explicite de x sur son domaine de définition. De manière générale, une méthode est dite d'ordre N, lorsque l'erreur e_n est un $O(h^{N+1})$.

Ainsi, les méthodes de Runge-Kutta d'ordre supérieur à 1 ont une meilleure précision que la méthode d'Euler explicite et sont plus recommandées en pratique. Cependant, elles nécessitent plus de calcul à chaque étape que la méthode d'ordre 1. Par exemple, la méthode de Runge-Kutta d'ordre 4 est l'application de la formule suivante :

$$x_{n+1} = x_n + \frac{1}{6} * [k_1 + 2 * k_2 + 2 * k_3 + k_4] \tag{4}$$

avec

$$\begin{cases} k_1 &= h * f(t_n, x_n) \\ k_2 &= h * f(t_n + \frac{h}{2}, x_n + \frac{k_1}{2}) \\ k_3 &= h * f(t_n + \frac{h}{2}, x_n + \frac{k_2}{2}) \\ k_4 &= h * f(t_n + h, x_n + k_3) \end{cases}$$

Cette méthode nécessite quatre évaluations de f, alors qu'il n'en faut qu'une pour la méthode d'ordre 1. Ainsi, l'ordre de la méthode diminue l'ordre de l'erreur, mais augmente la complexité théorique des calculs.

3.4 Les entrepôts de données

3.4.1 Le processus ETL

La figure 3 reprend de façon simplifiée le schéma donnée par Elliott (2013). Ce schéma est la structure générale d'un entrepôt de données. Le processus ETL joue un rôle essentiel dans un entrepôt de données, puisqu'il a pour but de lire les données des sources et d'en extraire les informations utiles à l'entrepôt. Il effectue ensuite un ensemble d'opérations de transformation qui peuvent varier selon les sources de données à traiter (Elliott (2013) et Vassiliadis et al. (2009)). Le rôle des transformations peut être de corriger des erreurs, résoudre des problèmes

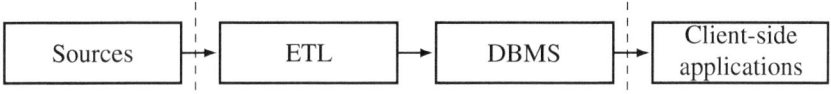

FIG. 3: Schéma simplifié d'un EDD

de conflits, filtrer (ou nettoyer) les données, mettre les données aux formats de l'entrepôt ou supprimer les doublons.

3.4.2 Le modèle dimensionnel

La modélisation dimensionnelle, introduite par Ralph Kimball dans les années 90 Adamson (2006), a été créée pour améliorer les performances des requêtes, notamment en facilitant la navigabilité dans le modèle. Elle permet ainsi de traiter de grandes quantité de données Ballard et al. (2006) et Elliott (2013). Ce modèle permet aussi de décrire le contexte d'une donnée, pour sa représentation soit la plus complète possible. Le schéma en étoile est une instance du modèle dimensionnel permettant le stockage dans une base de données.

4 Notre approche

Nous cherchons donc à étendre la notion d'entrepôt de données à celle d'*entrepôt de modèles*, en prenant les équations différentielles, comme exemple d'étude.

L'utilisation de la modélisation dimensionnelle au travers du schéma en étoile permet de stocker des équations et aussi un certain nombre d'informations qui gravitent autour à l'aide des dimensions (s'il s'agit d'un modèle issu de l'analyse de données expérimentales, la date, le contexte, les paramètres tel que les constantes, les intervalles de temps sur lesquels l'équation est considérée...). De plus, une même équation peut servir à représenter plusieurs séries chronologiques différentes, si celles-ci se différencient par leur pas de temps, ou l'intervalle de temps considéré, ou encore s'il s'agit d'une équation possédant des paramètres. Dans cette représentation, une série chronologique est une équation nécessairement associée à son contexte.

Ainsi une équation différentielle sera a minima défini par sa formule explicite, ainsi que les données nécessaires à son approximation Albert (2015). En effet, pour obtenir la série chronologique correspondante, il est nécessaire d'en recalculer les valeurs à partir de l'équation en utilisant un algorithme de calcul numérique, ceux utilisés pour l'étude dans Albert (2015) étant Euler explicite et Runge-Kutta d'ordre 4.

Citons l'exemple utilisé par Albert (2015) avec une équation assez simple telle que :

$$Ty'(t) + y(t) = Ku(t) \tag{5}$$

Où T, K, $u(t)$ et $y(t)$ sont, respectivement, la constante de temps, le gain, l'entrée et la sortie du système. Cette équation doit être accompagnée d'un système de données comprenant : une valeur de T ; une valeur de K ; une définition de $u(t)$; une valeur t_0 d'origine temporelle de la série chronologique ; une valeur initiale x_0 ; un pas de temps.

Ainsi, plusieurs séries chronologiques peuvent découler de la même équation, si elles diffèrent uniquement par le jeu de données associé.

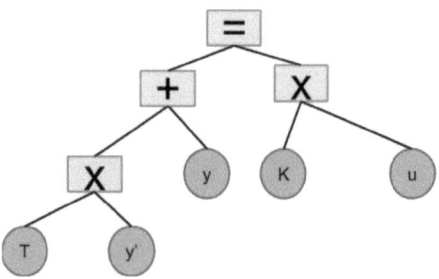

FIG. 4: Arbre de stockage de l'équation 5

L'abstraction d'une série chronologique par son modèle offre une possibilité de réduction du volume de données nécessaire à son stockage potentiellement plus puissante que les autres représentations (voir section 5). Ainsi, il est possible de stocker plus d'information dans un espace de stockage réduit. Ce système souffre d'une perte de précision au niveau des données stockées. En effet, la série régénérée à l'aide de son modèle n'est pas nécessairement rigoureusement égale à la série de base. Cela dit, les autres représentations, qu'elles soient temporelles ou spectrales posent aussi le même genre de problèmes et nécessitent une prise en compte des erreurs commises. Un algorithme de segmentation par exemple (sliding window Keogh et al. (2001)) est capable d'approximer une portion d'une série chronologique par une droite. La portion est initialement de deux points consécutifs, puis augmenter point par point tant que la somme des erreurs est inférieure à une valeur seuil. Dans le cas du stockage d'équations, les écarts entre la série régénérée et la série de départ sont dus, en premier à l'erreur commise lors de l'abstraction de la série (la solution de l'équation n'est pas rigoureusement égale à la série de départ) et à l'erreur commise lors de l'application des algorithmes numériques (les valeurs calculées ne sont pas rigoureusement égales).

Un second problème notable est le coût de calcul pour régénérer une série chronologique. Il est, en effet, bien plus important que pour les autres méthodes Albert (2015). D'ailleurs, la complexité des calculs, de même que leur précision, sera dépendante de l'algorithme numérique utilisé.

En revanche, les entrepôts de données permettent de ne rien supprimer, afin de conserver un historique des données Inmon (2002). Ainsi, le système de stockage pourrait donc aussi être un support d'apprentissage incrémental, ou un support d'aide à la prédiction, et permettre d'indiquer une plage temporelle à laquelle le modèle était considéré valide.

5   Prototype expérimental

5.1   Structure de stockage

Des travaux préliminaires ont permis de définir une structure de stockage pour une équation différentielle. La structure d'arbre binaire a été choisie, car cette structure permet de représenter une équation différentielle et les outils informatiques de stockage et de manipulation des arbres binaires sont nombreux. La figure 4 est un exemple de représentation d'une équation par un arbre binaire, il s'agit de l'arbre représentant l'équation 5. Les feuilles sont les différents termes

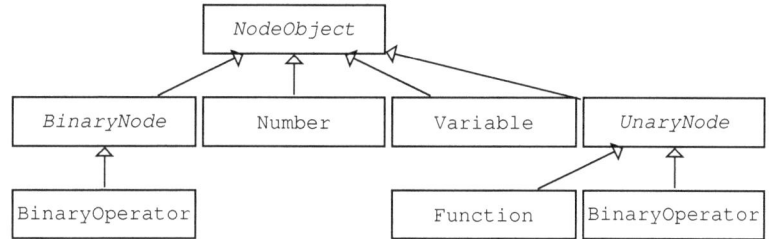

FIG. 5: Diagramme UML simplifié décrivant les nœuds et feuilles d'un arbre

de l'équation (les constantes, les fonctions…), tandis que les nœuds sont les opérateurs. La racine contient toujours l'opérateur "=".

La figure 5 contient un diagramme UML simplifié des objets représentant les nœuds et feuilles contenus dans l'arbre.

— La classe NodeObject est abstraite et est la représentation générale d'un nœud.

— Les classes Number et "Variable" seront des feuilles qui représentent soit un nombre réel invariable dans l'équation (par exemple le nombre 2 dans $2y' = y$), soit une constante (comme T et K dans 5).

— La classe Function, représente les fonctions (comme y et u dans 5 ou d'autres fonctions classiques, tel que le cosinus ou l'exponentielle).

— Les classes BinaryNode et UnaryNode représentent un nœud qui peut avoir deux fils pour la première et un seul fils pour la seconde.

— Les classes BinaryOperator et UnaryOperator représentent les opérateurs qui peuvent s'appliquer sur deux termes (binaire) ou un seul (unaire).

Une série de tests a été réalisée afin de comparer le stockage des séries chronologiques sous forme d'équations et d'autres représentations classiques (voir sections 5.3, 5.4 et 5.5). Les représentations utilisées pour les tests sont :

— Deux algorithmes de compression, le premier nommé All-Extrema, consistant à récupérer les extrema de la série et le second, nommé Important-Extrema, étant la version améliorée du premier (voir section 3.1.1) ;

— Deux algorithmes de segmentation, nommés Bottom-Up et Slide-Window. Ce sont deux algorithmes de segmentation, dont le premier consiste à approximer la série avec le plus de précision possible, puis les segments sont fusionnés, entraînants une perte de précision. Le processus de fusion est contrôlé par un critère d'arrêt. Le second algorithme consiste à utiliser une fenêtre, dans laquelle les points de la série sont approximés par une droite, puis l'on calcul la somme des erreurs, qui doit être inférieur à un certain seuil. Ladite fenêtre est ensuite agrandie jusqu'à atteindre la taille maximale permise par l'erreur seuil ;

— Une représentation directe, dite "brute", la série est stockée tel quel, sans aucune modification.

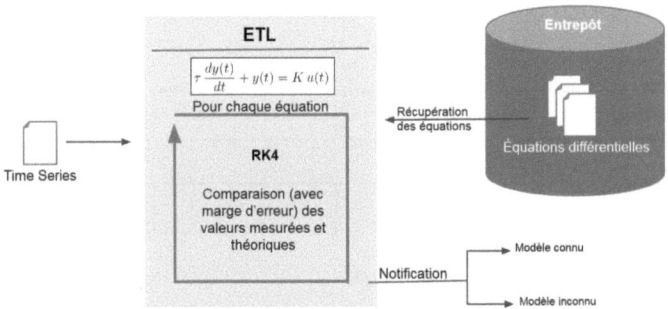

FIG. 6: Prototype d'*ETL "orienté modèles"* Albert (2015)

5.2   Architecture logicielle

Une des utilisations de l'*entrepôt de modèles* requise par les chercheurs en automatique est la comparaison d'une série chronologique avec les modèles préexistants dans la base, afin de repérer des comportements similaires et d'éviter de chercher un modèle qui serait déjà connu. L'activité de comparaison devrait également permettre de vérifier si un modèle existant permet de générer la série en modifiant seulement le système de données associé (voir section 4). Pour réaliser la comparaison, il faut également une activité de génération de données à partir du modèle. Toutes ces considérations nécessitent l'ajout de nouvelles opérations dans l'entrepôt de données classique.

Une opération de génération, qui doit pouvoir récupérer une équation dans la base de données et y appliquer un algorithme d'approximation numérique ; Une opération de comparaison de deux séries chronologiques ou d'une série chronologique avec un ensemble de séries chronologiques.

Ainsi, la figure 6 montre un prototype de processus ETL adapté à un *entrepôt de modèles*. Nous pourrons parler de processus *ETL "orienté modèles"*. Le processus prend une série chronologique en entrée. Dans notre cas, il s'agit de la série brute, mais dans un cas général, il s'agira d'une des représentations temporelles ou spectrales possibles pour une série chronologique. Un processus *ETL "orienté modèles"* devra donc être capable de gérer l'hétérogénéité des représentations en plus des problèmes d'hétérogénéité déjà connus des entrepôts de données. Ensuite, le processus ETL récupère l'ensemble des équations contenues dans l'entrepôt. Ensuite, une première série est générée à l'aide de la méthode de Runge-Kutta d'ordre 4. La série générée est comparée à la série d'entrée (comparaison valeur par valeur, avec une marge d'erreur), si elles sont égales, une notification est envoyée indiquant qu'un modèle correspondant à la série d'entrée a été trouvé, sinon une autre série est générée avec une autre équation. Si aucune égalité n'est détectée, le processus le notifie également.

La figure 7 présente la définition du processus faîtes à l'aide de Talend Open Studio. Un `prejob` est défini afin de récupérer toutes les équations de l'entrepôt. Ensuite, les éléments `timeseries` et `creation_ts` se récupèrent les données des séries, afin d'en créer un objet Java les représentant. Puis les éléments `foreach_DifferentialEquation` et `foreach_System` vont itérer sur les équations et pour une même équation sur chacun des systèmes de données associés. Enfin, les éléments `ModelFound` et `NotFound` sont les pro-

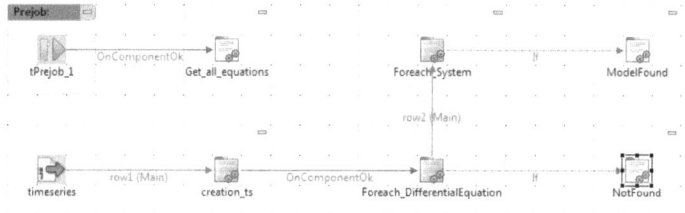

FIG. 7: Définition à l'aide de Talend du processus *ETL "orienté modèles"* Albert (2015)

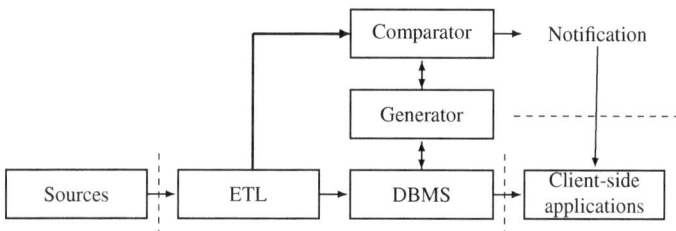

FIG. 8: Schéma d'un *entrepôt de modèles*

cessus de notification.

La notion d'*ETL "orienté modèles"* induit des modifications de la chaîne présentée figure 3. En effet, les opérations ETL classiques telles que le filtrage ou le nettoyage ne sont pas adaptées aux traitements d'une série chronologique et il faut des algorithmes spécifiques de comparaison, par exemple pour la détection de similitude. Par ailleurs, ces algorithmes auront besoin d'une étape préliminaire consistant en la régénération des valeurs des séries à partir des modèles, impliquant l'utilisation d'algorithmes numériques.

Nous proposons donc la chaîne de la figure 8, sur laquelle la chaîne originelle a été légèrement modifiée pour prendre en compte de nouveaux processus. La chaîne ainsi créée n'est plus complètement linéaire avec communication unilatérale entre les différentes couches, mais les communications bilatérales ont été limitées aux processus supplémentaires, qui ont besoin de récupérer des données existantes dans la base pour le générateur et d'effectuer des requêtes de génération pour le comparateur. Il faut également noter que la chaîne ainsi créée permet une communication du processus ETL vers le SGBD sans obligation d'appeler le processus de comparaison. Ainsi, un *entrepôt de modèles* peut-être utilisé comme un entrepôt de données.

5.3 Espace de stockage

Pour les tests, une série de 1 000 éléments fournie par l'équipe de chercheurs en automatique, supposée suivre l'équation 5 a été utilisée. Les séries sont stockées dans des fichiers textes au format csv avec des espaces comme séparateurs, tandis que l'équation est stockée dans un fichier au format XML. Le format XML étant particulièrement adapté au stockage d'arbres binaires.

Le tableau 1 indique le nombre d'éléments contenu dans chaque série selon l'algorithme utilisé. Il n'y a pas de colonne correspondant au stockage par modèle, sachant que dans ce cas

Unité	Crude	All-Extrema	Important-Extrema	Bottom-Up	Sliding-Window
néant	1000	73	36	74	28

TAB. 1: Nombres d'éléments après application des algorithmes

Unité	Crude	All-Extrema	Important-Extrema	Bottom-Up	Sliding-Window	Modèle
octet	88208	6398	3181	6477	2540	2633
%	0	92.75	96.39	92.66	97.12	97.02

TAB. 2: Taille en mémoire

	All-Extrema	Bottom-Up	Slide-Window
u (taille)	72	98	37
u (o)	6318	9182	3260
total (o)	8951	11815	5893
erreur max (%)	0.0	0.0	32.00
erreur moy (%)	0.0	0.0	16.00
compression (%)	89.85	86.61	93.32

TAB. 3: Résumé des performances obtenues pour le stockage de modèles

particulier, aucun élément de la série n'est stocké. En revanche, les éléments sont recalculés à partir de l'équation. Cependant, le tableau 2 indique en octet la taille en mémoire nécessaire au stockage de la série, selon sa représentation, avec le taux de compression associé. La méthode de stockage de modèle permet un taux de compression de $97,02\%$, ce qui est comparable aux taux atteint par les algorithmes *Important-Extrema* et *Sliding-Window*.

Cependant, la valeur indiquée ne prend pas en compte le stockage de l'entrée u. Cette entrée est, en générale, un paramètre connu de l'expérience (ici, il s'agit d'une somme de plusieurs échelons). Le choix le plus simple, qui a été fait dans notre étude, est de stocker cette entrée sous forme de série, bien que d'autres représentations plus optimales puissent être utilisées. Ainsi, le stockage d'une équation différentielle prend plus d'espace que la série elle-même, puisqu'il faut aussi stocker la série d'entrée (u). Cependant, le stockage de modèles présente tout de même les avantages suivants : plusieurs équations peuvent partager une même entrée ; à l'instar de l'exemple utilisé, l'entrée peut être plus simple que la série elle-même, ainsi les algorithmes de compression ou segmentation pourront atteindre de meilleures taux de compression, pour un impact minimal sur la perte de précision des valeurs (voir tableau 5). D'ailleurs, le tableau 3 résume les performances obtenu pour le stockage par modèle, selon l'algorithme utilisé pour u. L'algorithme *All-Extrema* permet d'obtenir un taux de compression de $89,85\%$, sans pertes de précision sur u.

Unité	Brute	All-Extrema	Important-Extrema	Bottom-Up	Slide-Window	Modèle
ms	285	172	168	174	164	3415

TAB. 4: Temps d'exécution pour la récupération de la série Albert (2015)

Brute	All-Extrema	Important-Extrema	Bottom-Up	Slide-Window	Modèles
0	0.035 - 0.577	0.334 - 1.957	0.248 - 0.995	0.458 - 1.337	0.001 - 0.002

TAB. 5: Écarts minimums et maximums Albert (2015)

5.4   Temps d'exécution

Le tableau 4 contient les résultats d'une analyse des performances en temps de calcul nécessaire à la récupération de la série originale ou une version approchée, puisque les algorithmes de compression, segmentation de même que l'abstraction par le modèle induisent des pertes par rapport à l'original. Nous remarquons que les deux algorithmes de compression et de segmentation permettent d'améliorer les performances. En effet, les temps de calculs sont tous plus bas (quasiment divisés par deux pour *Sliding-Window*) que le temps nécessaires à la récupération de la série brute. En revanche, pour le stockage par modèle, le temps de récupération est très largement supérieur. Ceci s'explique par la nécessité d'utiliser des algorithmes de calcul numérique.

Un test a été réalisé avec la base de modèles précédemment décrite, contenant un seul modèle, permettant de calculer le temps d'exécution du processus "orienté modèles" défini ci-dessus. Dans le cas où la série d'entrées correspond au modèle, le temps de calcul est de 3 485 ms, dans le cas contraire, le temps a diminué à 1 639 ms. En effet, la comparaison étant faite valeur par valeur, lorsqu'une nouvelle valeur est générée, elle est immédiatement comparée à sa valeur correspondante de la série d'entrée. Par conséquent, si la différence entre les deux valeurs est supérieure à une valeur seuil, le processus s'arrête immédiatement. Ainsi, pour détecter l'égalité entre deux séries, il faut en générer tous les éléments, mais en cas d'inégalité, seules les premières valeurs seront générées. A noter que les 3 485 ms dans le cas où la série correspond au modèle sont légèrement supérieurs aux 3 415 ms nécessaires à la seule régénération de la série et le gain de temps est assez significatif lorsque la génération est avortée. Le plus coûteux en calcul est donc bien l'application des algorithmes de calcul numérique.

5.5   Erreurs

Les modifications effectuées sur une série pour son stockage impliquent une perte de précision sur les valeurs de la série. Ainsi, si l'on compare la série originale avec sa version régénérée à partir des données stockées, celles-ci ne contiennent plus exactement les mêmes valeurs. Le tableau 5 contient les écarts minimums et maximums entre les valeurs de la série originale et des séries recalculées. Ici, l'utilisation de modèles offre une bien meilleure approximation de la série originale que les autres méthodes. Cependant, ce résultat dépend à la fois de la conformité du modèle avec la série originale et de la précision de l'algorithme de calcul numérique utilisé. Par exemple avec une méthode telle que Runge-Kutta, augmenter l'ordre de la méthode permet d'avoir une meilleure approximation des valeurs de la fonction solution de l'équation. Ainsi, si la série originale est exactement égale à ladite fonction, l'approximation de la série originale en est meilleure.

5.6   Conclusion

Le stockage de modèle est à priori plus lourd que le stockage de la série brute, cependant, des perspectives d'optimisation existent. Aussi, l'utilisation des modèles induit un fort coût de calcul, qu'il sera donc nécessaire d'étudier ultérieurement. Il semble que la perte de précision sur la série originale est bien moindre, à condition que les différentes sources d'approximations (le modèle, le calcul numérique et la série d'entrée) soient maîtrisées.

6   Conclusion

Nous avons proposé une nouvelle vision d'entreposage de données qui consiste à substituer les données par leurs modèles, motivée par l'utilisation massive des séries chronologiques dans plusieurs domaines scientifiques. La notion d'*entrepôt de modèles*, ainsi qu'une démarche de développement de ce dernier a été présentée, avec un exemple d'utilisation par des automaticiens. Une preuve de concept a été apportée et a également permis d'identifier un problème de performances en temps de calcul.

En termes de perspectives, nous nous focalisons sur la formalisation de la notion de processus *ETL "orienté modèles"*. Nous proposons d'ajouter de nouvelles fonctionnalités au processus ETL classique (des outils d'analyse des séries chronologiques, ainsi que des algorithmes de calcul numériques). Afin de proposer une définition formelle du processus *ETL "orienté modèles"*, nous nous sommes d'abord penchés sur la notion de modèle formel d'un processus ETL, abordées dans les articles suivants Skoutas et Simitsis (2007), Vassiliadis et al. (2009), Muñoz et al. (2010) et Vassiliadis et al. (2002).

Le processus *ETL "orienté modèles"* devra également être capable de gérer l'homogénéité des représentations des séries chronologiques. Aussi, la détection des séries dont le comportement peut-être représenté par une même équation différentielle, pourra être réalisée à l'aide d'une opération de détection de séries similaires.

Références

Adamson, C. (2006). *Mastering Data Warehouse Aggregates : Solutions for Star Schema Performance* (Third ed.). Wiley Publishing, Inc.

Albert, F. (2015). Entrepôt de modèles, application aux données issues de l'automatique. Master's thesis, Université de Poitiers.

Ballard, C., D. M. Farrell, A. Gupta, C. Mazuela, et S. Vohnik (2006). *Dimensional Modeling : In a Business Intelligence Environment* (First ed.). IBM Corp.

Elliott, R. (Ed.) (2013). *The Data Warehouse Toolkit* (Third ed.)., pp. 1–35. Wiley Publishing, Inc.

Esling, P. et C. Agón (2012). Time-series data mining. *ACM Comput. Surv. 45*(1), 12 :1–12 :34.

Fink, E. et H. S. Gandhi (2007). Important extrema of time series. In *Proceedings of the IEEE International Conference on Systems, Man and Cybernetics*, pp. 366–372.

Fu, T.-C. (2011). A review on time series data mining. *Engineering Applications of Artificial Intelligence 24*(1), 164–181.

Hetland, M. L. (2004). A survey of recent methods for efficient retrieval of similar time sequencies. In M. Last, A. Kandel, et H. Bunke (Eds.), *Data Mining In Time Series Databases*, Volume 57, pp. 23–42.

Inmon, W. H. (2002). *Building the Data Warehouse* (Third ed.). John Wiley & Sons, Inc.

Keogh, E., S. Chu, D. Hart, et M. Pazzani (2001). An online algorithm for segmenting time series. In *Proceedings of the 2001 IEEE International Conference on Data Mining*, pp. 289–296.

Muñoz, L., J. Mazón, et J. Trujillo (2010). A family of experiments to validate measures for UML activity diagrams of ETL processes in data warehouses. *Information & Software Technology 52*(11), 1188–1203.

Press, W., S. Teukolsky, W. Vetterling, et B. Flannery (2002). *Numerical Recipes in C : The Art of Scientific Computing*, pp. 707–752. Cambridge University Press.

Shumway, R. et D. Stoffer (2015). *Time Series Analysis and It's Applications*. Springer.

Skoutas, D. et A. Simitsis (2007). Ontology-based conceptual design of ETL processes for both structured and semi-structured data. *Int. J. Semantic Web Inf. Syst. 3*(4), 1–24.

Vaisman, A. et E. Zimanyi (2014). *Data Warehouse Systems Design and Implementation*. Springer.

Vassiliadis, P., A. Simitsis, et E. Baikousi (2009). A taxonomy of ETL activities. In *Proceedings of the ACM Twelfth International Workshop on Data Warehousing and OLAP*, DOLAP '09, New York, NY, USA, pp. 25–32. ACM.

Vassiliadis, P., A. Simitsis, et S. Skiadopoulos (2002). Conceptual modeling for etl processes. In *Proceedings of the 5th ACM International Workshop on Data Warehousing and OLAP*, DOLAP '02, New York, NY, USA, pp. 14–21. ACM.

Zeira, G., O. Maimon, M. Last, et L. Rokach (2004). Change detection in classification models induced from time series data. In *Data Mining in Time Series*, Volume 57, pp. 101–125.

Summary

In the scientific fields, more and more data are to be analysed. Those data may take the form of Time Series, which are a temporal data class, containing a record of chronological values. Those values are considered as a whole instead of a list of individual and independent data. Moreover, Time Series generally contain a large number of values and can be stored in a database in quite large quantity. In this article, we propose a storage tool for Time Series, by using their abstract model (differential equation), leading to the new notion of *Models Warehouse* aiming at giving a new representation of Time Series and an alternative storage solution. Unfortunately, this method triggers a significant cost in terms of computation time. Our proposal is implemented and validated using real dataset issued from automatic.

Nouvelle stratégie pour le traitement distribué des processus décisionnels massifs dans un Big Data Warehouse

Rado Ratsimbazafy*, Fadila Bentayeb*, Omar Boussaid*

*Université de Lyon, Université Lumière Lyon 2, Laboratoire ERIC
5 Avenue Pierre Mendes France, 69676 Bron Cedex
prenom.nom@univ-lyon2.fr, http://eric.ish-lyon.cnrs.fr

Résumé. Cet article traite du problème de l'optimisation de l'exécution des charges de requêtes massives dans le cadre des entrepôts de données (ED) distribués où le nombre de processus simultanés à traiter se compte par milliers. En nous inspirant des techniques d'optimisation utilisées dans le contexte centralisé, nous proposons dans cet article une nouvelle stratégie de sélection et de stockage de vues matérialisées (MV) basée sur système de fichiers distribués ; puis nous abordons le traitement des charges de requêtes décisionnelles massives en utilisant les MV. Notre approche joue un rôle de médiateur entre les utilisateurs et l'entrepôt de données pour proposer de meilleurs plans d'exécution à leurs requêtes. Les premiers résultats que nous avons obtenus, à partir de nos expérimentations montrent que dans un environnement distribué notre approche améliore de plus de 50% le coût d'exécution d'une charge de requêtes par rapport au système fourni par défaut.

1 Introduction

L'entreposage et l'analyse en ligne des données massives (*big data*) sont devenus en quelques années l'activité principale de beaucoup d'entreprises et de chercheurs (Ahuja et al. (2009); Thusoo et al. (2010b)). L'intérêt porté à l'avènement des données massives a fait évoluer le système d'information décisionnel (SID), et par conséquent les entrepôts de données et l'OLAP (Online Analytical Processing) (Chaudhuri et al. (2011)). De nouveaux modèles d'entrepôts de données sont alors apparus (Figure 1) : les systèmes basés sur des systèmes de gestion de bases de données relationnelles (SGBDR) tels que *Teradata*[1], *Greenplum*[2], et les systèmes basés sur le paradigme *MapReduce* (Dean et Ghemawat (2004)), comme *Hive* (Thusoo et al. (2010a)), où les données sont stockées sur un système de fichiers distribués tels que GFS de *Google* ou HDFS de *Hadoop*.

Par ailleurs, l'intérêt grandissant autour du "*big data analytics*" a fait naître plusieurs techniques, stratégies et approches, mais aussi de nouveaux profils métiers (*data scientist, big data engineer, ...*). Cependant, l'analyse de telles quantités de données, pour récupérer les informations pertinentes, doit être réalisée dans une durée acceptable (Cohen et al. (2009)). Les

---

1. http ://www.teradata.com
2. http ://greenplum.org/

attentes des décideurs ont toujours été grandes, leur immense besoin d'analyse nécessite de nombreux processus d'interrogation. Ces derniers sont réalisés à l'aide de multiples requêtes complexes comportant plusieurs opérations sur des données volumineuses. Dans ce travail, nous continuons les efforts entrepris par d'autres chercheurs (Zaharia et al. (2009); Herodotou et Babu (2013); Wang et Chan (2013)) qui ont travaillé sur l'optimisation de traitement de processus d'analyse multiples dans les entrepôts de données, ou bases de données, utilisant le paradigme *MapReduce*.

Dans ce papier, nous décrivons en détail l'approche que nous proposons pour améliorer le temps de traitement des processus d'analyse en ligne massifs, dans les entrepôts de données fonctionnant dans un environnement *Hadoop* utilisant *MapReduce* comme outil d'exécution de requêtes. Dans notre approche, nous nous sommes inspirés des techniques d'optimisation dans les entrepôts de données basés sur un SGBDR, tels que le *Multiple Query Optimization (MQO)*, la matérialisation de vues (Sellis (1988); Bello et al. (1998); Gupta et Mumick (1999); Goldstein et Larson (2001)). Nous traitons plus précisément le problème de la sélection de vues (*Vue Selection Problem (VSP)*), qui a été largement étudié (Baralis et al. (1997); Zhang et al. (2001); Boukorca et al. (2014)) et défini comme étant NP-Complet (Gupta et Mumick (1999)). Nous avons exécuté plusieurs requêtes issues du banc d'essai TPC-DS [3] pour une première évaluation de notre approche. Nos premières expérimentations ont fait l'objet d'une comparaison avec le système standard fourni par *Hive*, et ont montré des résultats intéressants.

Le reste de cet article est organisé comme suit. Dans la section 2, nous présentons les approches existantes dans la littérature qui nous ont inspirés, ou qui sont proches de notre proposition. Dans la section 3, nous décrivons les processus et stratégies de notre approche pour résoudre le problème de traitement des requêtes décisionnelles massives. Dans la section 4, nous présentons l'évaluation des performances de notre approche. Enfin, la section 5 conclut l'article et présente quelques perspectives pour la suite de nos travaux.

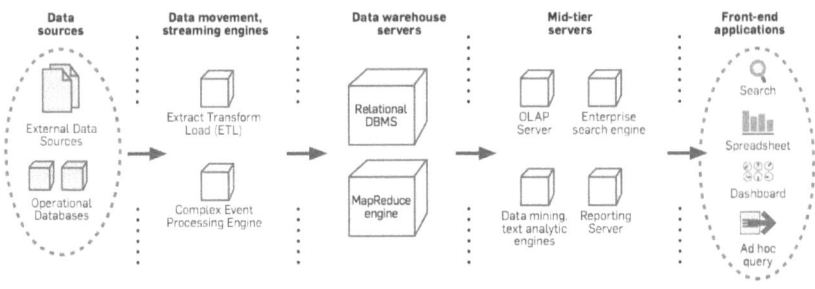

FIG. 1 – *Évolution du SID (Chaudhuri et al. (2011)).*

---

3. http ://www.tpc.org/tpcds/

2 État de l'art

Plusieurs recherches ont été menées sur les traitements de charges de requêtes, que ce soit dans les bases de données ou dans les entrepôts de données. Plusieurs approches ont été proposées. Nous focalisons notre attention sur les approches autour du partage de données, du partage de tâches ou de fragmentation de données. Sellis (1988) a proposé le *Multiple Query Optimization* (MQO), qui consiste à détecter les sous-expressions communes des requêtes exécutées en même temps, évaluer les sous expressions, regrouper les requêtes partageant les mêmes sous-expressions et partager les données communes entre les requêtes. Le MQO est une approche très intéressante, mais le coût de la recherche des sous expressions communes est élevé, car sur une charge donnée peu de requêtes partagent les mêmes sous-expressions et les requêtes n'arrivent pas toujours en même temps.

Dans une optique de partage de données, nous nous sommes intéressés aux vues matérialisées. Comment sont-elles choisies ? Combien de vues faut-il matérialiser ? Et quand faut-il les matérialiser ? Ces questions ont été largement analysées et prouvées comme étant des problèmes NP-Complet (Gupta et Mumick (1999)). Le problème de la sélection de vues a attiré beaucoup d'attention. Jian et al. (1997) propose une implémentation du MQO pour sélectionner les vues sur la base de spécification du *Multiple View Processing Plan*, qui matérialise les résultats intermédiaires partagés par chaque sous-ensemble de requête. Kotidis et al. (1999) avec DynaMat propose une approche qui matérialise dynamiquement les vues correspondantes à la charge de requêtes en entrée, il examine continuellement les requêtes reçues et matérialise le meilleur ensemble de vue en se basant sur un modèle de coût. L'approche semble être très intéressante, mais elle ne se concentre que sur un seul cube de données et nous n'avons pas pu déterminer quel type de requête a été exécuté. Sur le nombre de requêtes à traiter, Gacem et Boukhalfa (2013) ont proposé d'utiliser l'algorithme K-means pour regrouper les requêtes similaires afin de fragmenter horizontalement l'entrepôt de données. L'approche est innovante et a été testée pour supporter de très grandes charges de requêtes. L'efficacité de l'approche dépend du nombre de classes de requêtes, avec des requêtes hétérogènes, l'approche n'apporte aucune amélioration.

Tous les travaux cités précédemment ont été traités et prouvés dans les ED sur SGBDR. Dans les ED distribués utilisant MapReduce, où l'utilisation du *cloud computing* semble être privilégiée, nous avons détecté trois tendances :

— Les travaux se basant sur la planification des tâches (*scheduling*) (Isard et al. (2009); Zaharia et al. (2009)) qui traitent, réorganisent et réordonnent le traitement de chaque tâche MapReduce ;

— Les recherches qui utilisent l'élasticité du *cloud* et la répartition des requêtes sur les nœuds (Herodotou (2012); Marcus et Papaemmanouil (2016)) qui consistent à trouver le bon nombre de nœuds pour le traitement d'une charge donnée, tout en répartissant le traitement des requêtes de la charge sur les nœuds ;

— Les approches sur le partage de tâches ou de données (Nykiel et al. (2010); Wang et Chan (2013)) qui se basent sur la mutualisation des données lors des traitements pour réduire le nombre d'accès au système de fichiers distribués.

À partir de ces travaux, nous avons trouvé peu de solutions utilisant la matérialisation de vues pour résoudre les problèmes de requêtes massives. Nous avons pris en compte, pour notre solution, ce qui a été fait dans les ED sur les SGBR et considéré les stratégies dans les environnements distribués. Dans ce papier, nous privilégions les méthodes sur le partage de données en utilisant les matérialisations de vues issues des SGBDR tout en considérant la nature même du *cloud computing* où l'élasticité est un point fort (stockage ou calcul). Les travaux sur la matérialisation de vues dans les ED sur système de fichiers distribués n'attirent pas beaucoup d'attention étant donné le coût que cela peu engendrer (Perriot et al. (2013)). Nous restons quand même convaincus que cette technique d'optimisation est très efficace pour l'analyse en ligne.

3 Stratégie de traitement des requêtes massives

3.1 Sélection de vues à matérialiser

Notre problème de la sélection de vues peut être formalisé comme suit : soit l'entrepôt de données DW tel que F représente la ou les tables des faits, $D = \{D_1, D_2, \ldots, D_*\}$ représente les dimensions et une charge de requêtes $Q = \{Q_1, Q_2, \ldots, Q_*\}$ exécutée sur DW ; comment sélectionner $MV = \{V_1, V_2, \ldots, V_*\}$ un ensemble de vues matérialisées capables de répondre à Q avec un coût et temps d'exécution réduit ? Pour nos travaux, nous basons notre sélection de vues sur les charges passées que l'entrepôt de données a reçues, nous récupérons notre première charge de requêtes depuis le journal des traitements. Cela nous permet d'avoir une charge de requêtes connues et qui est susceptible d'être réexécutée lors des futurs processus d'analyse. Cette phase de sélection de vues matérialisées est divisée en deux étapes : le regroupement des requêtes de la charge et le choix de la requête ou des requêtes représentative-s qui servira-ont à créer le ou les vues matérialisées.

3.1.1 Classification des requêtes

Description du problème

Nous avons en entrée une charge massive de requêtes et nous avons comme objectif de regrouper les requêtes similaires pour former des classes.

Préparation des données

Les traces d'exécutions des requêtes sont accessibles depuis le fichier journal du système de gestion de base de données. Une charge de requêtes donnée est alors considérée comme représentative si elle est collectée sur une période de temps. Sur cet ensemble de requêtes collectées, nous séparons chaque type de requête (interrogation, insertion, mise à jour, calcul...) et nous nous intéressons particulièrement aux requêtes de sélection (décisionnelles, analyses, rapports...). Nous pouvons décrire une requête décisionnelle Q comme suit $Q = \Pi_{A,S}(\sigma_R(F \bowtie D_1 \bowtie D_2 \bowtie \ldots \bowtie D_*))$ où A est l'ensemble d'attributs des dimensions D_i qui sont présents dans chaque requête Q_j ; S est l'ensemble des mesures agrégées depuis la table des faits F et R les prédicats sur les attributs des dimensions. Nous transformons cette charge de requêtes en une matrice où chaque ligne représente une requête Q_j (TAB. 1) et chaque colonne les attributs A_k. La valeur M_{jk} est égal à 1, si A_k est présent dans Q_j et prend la valeur 0 sinon (TAB. 2) .

Q_1	SELECT A2, A3, A6 FROM F,D1,D2 WHERE F.A1 = D1.A1 AND F.A1= D2.A1 GROUP BY ROOLUP
Q_2	SELECT A4, A7 FROM F,D1,D2 WHERE F.A1 = D1.A1 AND F.A1= D2.A1 GROUP BY F.A1
Q_3	SELECT A2, A5, A6 FROM F,D1,D2 WHERE F.A1 = D1.A1 AND F.A1= D2.A1 GROUP BY ROOLUP
Q_4	SELECT A3, A4, A7 FROM F,D1,D2 WHERE F.A1 = D1.A1 AND F.A1= D2.A1 GROUP BY F.A1

TAB. 1 – *Exemple de requêtes SQL*

	A2	A3	A4	A5	A6	A7
Q_1	1	1	0	0	1	0
Q_2	0	0	1	0	0	1
Q_3	1	0	0	1	1	0
Q_4	0	0	1	1	0	1

TAB. 2 – *Matrice binaire d'usage des attributs dans les requêtes*

Classification

La classification des requêtes similaires est une part importante de ce travail pour obtenir un sous-ensemble $C = \{C_1, C_2, \cdots, C_*\}$ où chaque C_i est une classe de requêtes. Il existe une pléthore d'algorithmes de classifications, nous avons choisi une implémentation de *proximus* Koyütürk et al. (2005)[4], qui nous fournit un temps de traitement linéaire et proportionnel aux nombres de requêtes (figure 2) par rapport à la nature de nos données et le nombre de requêtes qu'on traite.

L'algorithme *proximus* prend en entrée la matrice binaire M d'usage des attributs pour les requêtes, que nous avons préparée précédemment à partir des requêtes (TAB 1), et le radius Rd qui est une valeur entière utilisée pour comparer la similarité entre les vecteurs de M. Le résultat obtenu est une classification des requêtes selon leur degré de similarité où le nombre de classes varie selon Rd.

Nous varions la valeur de Rd, selon la qualité du regroupement, afin d'avoir une plus grande flexibilité. Nous avons comme contrainte $Rd > 1$ car si $Rd <= 1$, le nombre de classes C obtenu est égal au nombre de requêtes Q_j de la charge. Pour notre approche nous initialisons la valeur de $Rd = 2$. Pour choisir le radius nous calculons une mesure de similarité entre les requêtes de chaque cluster C avec le coefficient de similarité de *Jaccard* (Jaccard (1901)) et ainsi définir graduellement le bon Rd si la moyenne des coefficients de similarité intra clusters ($\wp$) est < 0.7 (algorithme 1).

Nous avons choisi le coefficient de similarité de *Jaccard* car nous souhaitons calculer le rapport entre l'intersection de chaque requête et l'ensemble des attributs de la classe de requêtes.

Soit $C_i = \{Q_1, Q_2, \ldots, Q_*\}$ un cluster $\in C$ de Q_j requêtes similaires

$$Jaccard(C_i) = \frac{|Q_1 \cap Q_2 \cap \ldots \cap Q_*|}{|Q_1 \cup Q_2 \cup \ldots \cup Q_*|} \tag{1}$$

3.1.2 Requêtes représentatives et sélection de vues matérialisées

La requête représentative (δ) est construite à partir d'un ensemble d'attributs présents dans Q. δ doit répondre à au moins une des trois possibilités suivantes :

---

4. http ://compbio.case.edu/koyuturk/software/proximus/

Algorithme 1 : Radius adaptatif pour clustering avec proximus

Input : Q Charge de requêtes
Output : C Classes de requêtes similaires
$M_{jk} \leftarrow$ Matrice de $A_k \in Q_j$;
$Rd \leftarrow 2$;
$\wp \leftarrow 0.0$;
do

    $C \leftarrow Proximus(M_{jk}, R)$;
    $N \leftarrow$ Nombre de $C_i \in C$;
    $Rd \leftarrow Rd + 1$;
    $\wp \leftarrow \dfrac{\sum_{i=0}^{N} Jaccard(C_i)}{N}$;

while $\wp > 0.7$;

Clusters	Requêtes	
C_1	Q_1	Q_3
C_2	Q_2	Q_4

TAB. 3 – *Classification des exemples de requêtes (TAB. 1) avec $Rd = 2$*

— $\delta \equiv Q_j$ si les réponses de δ sont les réponses de Q_j
— $\delta \subseteq Q_j$ si la réponse de δ correspond une partie des projections de Q_j
— $Q_j \subseteq \delta$ si la réponse de Q_j est une projection de δ

Dans le domaine de la fouille de données, cela peut se comparer à la recherche du centroïd d'un cluster, mais dans notre cas nous souhaitons un δ construit à partir des attributs des requêtes de C_i. Lors de cette phase, nous étions amenés à résoudre le problème du nombre idéal d'attributs pour notre requête représentative. Naïvement, prendre l'union ou l'intersection des attributs qui composent C_i serait plus simple, mais imposerait dans le cas de l'union un δ très complexe et pour l'intersection un δ qui ne couvre pas toutes les requêtes de C_i. Les deux cas ne nous conviennent pas, car on cherche un δ qui couvre toutes les requêtes sans prendre l'union.

Pour définir δ nous avons :

1. Construit la matrice d'affinités (TAB. 4) des attributs pour chaque classe. Notre programme calcule combien de fois chaque couple d'attributs apparaît dans une requête, en prenant C_i en entrée. Nous avons appelé ce résultat la *contribution* ;

2. Récupéré le nombre moyen d'attributs ($\bar{A}$) composant chacune des requêtes de C_i ;

3. Calculé la somme des *contributions* pour chaque combinaison de $\bar{A}$ parmi tous les attributs qui compose C_i.

Pour notre exemple de charge (TAB. 1) et de classes (TAB. 3), les attributs qui se retrouveront dans δ seront $\{A2, A3, A6\}$, avec $\bar{A} = 3$, car la *contribution*$(A2, A3, A6)$ dans C_1 sera la plus élevée.

Comme cela est décrit dans la section 2, la sélection de vues à matérialiser est un problème complexe. Pour notre part, nous pouvons réduire le nombre de vues candidates sur lesquelles le choix sera fait, en prenant les requêtes représentatives de chaque classe comme vue susceptible

	A2	A3	A5	A6
A2	1	1	1	2
A3	1	1	0	1
A5	1	0	1	1
A6	2	1	1	1

TAB. 4 – *Matrice d'affinité des attributs pour le cluster $C1$*

d'être matérialisée. Pour notre exemple de charge (TAB 1) la vue matérialisée pour le premier regroupement (TAB 3) contiendra les attributs de δ de C_1.

4   Évaluation de notre approche

Dans cette section, nous décrivons les expérimentations que nous avons menées afin de valider notre approche pour le traitement d'une charge de requêtes massives dans les très grands entrepôts de données, basés sur *MapReduce*. Nous avons développé chaque phase de notre approche en *Python*[5] pour la portabilité et la disponibilité de certaines librairies qui nous sont nécessaires. Nous tenons à préciser que, dans cette première expérimentation nous n'avons mesuré que les coûts d'exécution.

4.1   Environnement d'expérimentations

Les expérimentations, que nous avons menées ont été exécutées sur des machines Dell Precision T1700 avec intel Xeon e3 (3.1Ghz) CPU et 16 Go RAM. Nous avons utilisé la version 2.3 de Hadoop avec Hive 0.13 pour l'entreposage de données et *HiveQL* et *Spark SQL*[6] pour l'interrogation de l'entrepôt de données.

4.2   Jeu de données

Entrepôt de données : L'approche que nous présentons dans cet article a été testée sur le banc d'essai TPC-DS (Poess et al. (2007)). Cependant, vu la limite de stockage de nos machines, nous n'avons généré que 1 To de données (TPC-DS scale factor 1000).

Charge de requêtes : Celle que nous avons utilisée est extraite de TPC-DS. Nous avons intentionnellement choisi nos *templates* de requêtes parmi les 99 possibles pour ne pas biaiser nos résultats. Nous avons inclus des requêtes contenant des jointures, ainsi que des requêtes contenant un ou plusieurs niveaux d'agrégation. Nous avons catégorisé ces requêtes en deux lots :

— requêtes d'interrogations interactives : Q-19, Q-42, Q-55, Q-52
— requêtes de rapport : Q-3, Q-7, Q-27, Q-43

Dans le générateur de requête de TPC-DS, nous pouvons générer α requêtes différentes pour chaque *template* de requête, par exemple pour $\alpha = 5$, Q-19 sera générée 5 fois avec des prédicats différentes. Pour cette évaluation nous avons généré :

---

5. https ://www.python.org/
6. http ://spark.apache.org/sql/

pour $\alpha = (5, 10, 20, 40, 80, 160, 320)$ sur les huit *templates* choisis, cela nous donne $(40, 80,$ $160, 320, 640, 1280, 2560)$ requêtes.

4.3 Protocole d'expérimentation

Les expérimentations que nous avons menées ont été réalisées selon les étapes suivantes :

1. Nous avons généré plusieurs requêtes pour tester la robustesse et l'efficacité de notre algorithme de classification. Nous avons ensuite récupéré les classes de requêtes qui nous serviront à construire les requêtes représentatives δ.

2. Nous avons matérialisé chaque δ sous forme de *RDD (Resilient Distributed Dataset)* (Zaharia et al. (2012)) qui nous permet, selon le cas, de matérialiser les vues en mémoire ou sur *HDFS* si la taille de la vue est importante.

3. Nous avons évalué notre implémentation en récupérant les coûts d'exécution de chaque requête de notre charge (section 4.2), sans l'utilisation des *RDD* et avec. Ce coût d'exécution renvoi une valeur de calcul logique du coût de la lecture des données depuis le *HDFS*, plus le coût de chaque jointure, sachant que *Hive* nous propose de calculer ce coût sur la base des tâches *MapReduce*.

Définition RDD :

Un RDD est une collection de données partitionnée, distribuée et tolérante aux fautes en lecture seule, qui ne peut être créée que par des opérations déterministes : soit à partir de données présentes dans un stockage stable, soit à partir d'autres RDD. Un RDD peut être stocké en mémoire ou sur disque[7]. Dans un environnement *Hadoop2* le RDD est manipulé dans des *conteneurs* qui encapsulent mémoire vive et processeurs. Ceci permet un traitement distribué.

Coût d'exécution :

Soit une tâche *MapReduce* $t \leftarrow \langle p, d, r, c \rangle$ qui traite un programme p écrit dans un language de programmation ou en *HiveQL* sur des données d, d'un entrepôt de données sous *Hive* en utilisant les ressources r, ensemble des nœuds de calcul avec les configurations c de l'environnement *Hadoop*.

Le coût d'exécution $(perf)$ est ici une estimation F, donnée par le système, qui prend comme paramètres le temps d'exécution de p et les successions de tâches *Map* et *Reduce* nécessaires, la taille de d utile pour le traitement, le nombre de r disponibles et la configuration c où l'on peut trouver la taille de mémoire allouée pour chaque tâche.

$$perf = F(p, d, r, c) \qquad (2)$$

4.4 Résultats et discussions

La première étape de notre stratégie consiste à la construction des classes de requêtes similaires issues de TPC-DS. La figure 2 montre le temps de regroupement des requêtes similaires

---

7. https://spark.apache.org/docs/latest/programming-guide.html#resilient-distributed-datasets-rdds

Requêtes TPC-DS	Coût d'exécution
Q3	8 023 323
Q7	8 098 600
Q19	9 640 061
Q27	9 670 658
Q42	8 110 890
Q43	8 210 786
Q52	8 260 130
Q55	8 289 797

RDD	Coût de création
RDD_1	8 110 875
RDD_2	8 120 793
RDD_3	8 206 098
RDD_4	9 313 364
RDD_5	14 491 932

TAB. 6 – *Coût de création des* RDDs

TAB. 5 – *Coût d'exécution des requêtes*

par rapport au nombre de requêtes contenues dans la charge. Ce graphique nous montre que le temps de classification est linéaire par rapport au nombre de requêtes. Ce qui est important à noter est que cette phase, nécessaire pour la suite, est réalisable en temps raisonnable. Nous avons obtenu cinq classes de requêtes avec lesquelles nous avons choisi de matérialiser chaque requête représentative.

Le tableau 5 nous détaille le coût moyen $perf$ (section 4.3) de chaque requête issue des *templates* sources que nous avons extraits de TPC-DS. Le tableau 6 illustre le coût de création de chaque RDD, en termes de $perf$, issu des δ de chaque classe de requêtes. Les coûts d'exécution élevés peuvent s'expliquer par, les ressources r et les configurations c que nous avions à disposition pour nos expérimentations.

Pour le traitement d'une nouvelle charge de requêtes Q', nous analysons chaque $Q'_j \in Q'$ pour déterminer à quelle classe C_i, construite avec la première charge, elle appartient. Ainsi nous déterminons quel RDD peut éventuellement répondre à une ou toutes les parties de Q'_j. La réécriture Q'_j est faite de telle sorte que le RDD correspondant y est inclus et les attributs présents dans le RDD soient utilisés à la place des attributs de la table. Seules les données manquantes sont récupérées des tables concernées. Le tableau 7 indique les réécritures possibles pour chaque requête issue des *templates* choisis (section 4.2). Nous avons intégré à notre prototype un programme de réécriture, car *Hive* ne dispose pas encore d'optimiseur de requêtes capable de modifier une requête pour utiliser des données intermédiaires. Le tableau 8 montre les résultats des $perf$ de la nouvelle charge sur *Hive* et les résultats obtenus avec notre approche. Nous pouvons constater une très nette amélioration des $perf$, car en regroupant les données partagées nous avons réduit la taille de d intervenant dans le calcul et avec le traitement en mémoire, de certaines données, nous avons aussi réduit le temps d'exécution de p.

À travers ces résultats, nous observons que l'utilisation de vues matérialisées apporte des améliorations sur le traitement massif des processus décisionnels. Ceci est dû au fait que certains RDD moins volumineux sont chargés directement en mémoire et pour les plus volumineux les données sont co-localisées, ce qui réduit considérablement le coût d'exécution $perf$. La réécriture de requêtes joue aussi un rôle important pour indiquer au système un meilleur chemin pour accéder aux données. Notre approche est implémentée sous forme de prototype, plusieurs verrous restent à résoudre comme l'utilisation de RDD multiple dans une réécriture ou le rafraîchissement des RDD stockés sur disque, cependant les résultats que nous avons obtenus nous donnent une piste sérieuse à creuser.

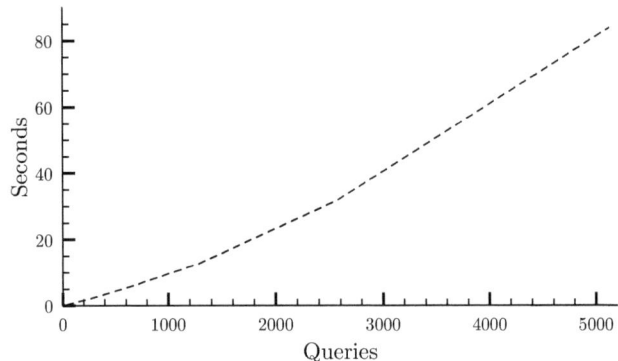

FIG. 2 – *Préparation des données et classification des requêtes générées à partir de TPC-DS*

Requêtes	Réécriture (RW)				
	RDD_1	RDD_2	RDD_3	RDD_4	RDD_5
Q3	-	RW	-	-	-
Q7	-	-	-	-	RW
Q19	-	-	-	RW	-
Q27	-	-	-	-	RW
Q42	RW	-	-	-	-
Q43	-	-	RW	-	-
Q52	-	RW	-	-	-
Q55	-	-	-	RW	-

TAB. 7 – *Réécriture des requêtes en utilisant les RDDs*

Requêtes TPC-DS	Coût d'exécution	
	Exécution sur Hive	Exécution avec réécriture
Q3	8 023 323	9 112
Q7	8 098 600	2 692 395
Q19	9 640 061	311 724
Q27	9 670 658	2 169 256
Q42	8 110 890	42 383
Q43	8 210 786	1 090 764
Q52	8 260 130	9 321
Q55	8 289 797	511 272

TAB. 8 – *Comparaison des coûts d'exécution*

5 Conclusion et perspectives

Dans cet article, nous avons proposé une stratégie pour le traitement massif des processus décisionnels dans les entrepôts de données utilisant *MapReduce*. Notre approche propose une nouvelle méthode pour résoudre le problème de sélection de vues matérialisées. À l'aide de l'algorithme *proximus*, nous avons classé la charge de requêtes selon la similarité des requêtes qui la compose, et à partir de chaque classe, nous avons réduit le nombre de vues candidates à la matérialisation en construisant, nous même, la requête représentative, qui deviendra la requête de construction de la vue matérialisée. Dans notre prototype, nous avons matérialisé ces vues sous forme de *RDD* qui peuvent être distribués en mémoire ou sur disque selon leurs tailles ce qui nous permet d'obtenir un coût d'exécution très réduit. Cela a été démontré par les résultats de nos expérimentations qui améliorent de plus de 50% le coût d'exécution.

Nous prévoyons pour la suite de nos travaux, de développer un processus de réécriture de requêtes, qui pour l'instant est basé sur la détermination de classe pour une nouvelle charge. Nous envisageons également de mener des expérimentations à l'échelle, car actuellement nous profitons des avancées de *Hadoop 2* qui nous a permis la parallélisation des traitements.

Références

Ahuja, M., C. C. Chen, R. Gottapu, J. Hallmann, W. Hasan, R. Johnson, M. Kozyrczak, R. Pabbati, N. Pandit, S. Pokuri, et al. (2009). Peta-scale data warehousing at yahoo ! In *Proceedings of the 2009 ACM SIGMOD International Conference on Management of data*, pp. 855–862. ACM.

Baralis, E., S. Paraboschi, et E. Teniente (1997). Materialized views selection in a multidimensional database. In *VLDB*, Volume 97, pp. 156–165.

Bello, R. G., K. Dias, A. Downing, J. Feenan, J. Finnerty, W. D. Norcott, H. Sun, A. Witkowski, et M. Ziauddin (1998). Materialized views in oracle. In *VLDB*, Volume 98, pp. 24–27.

Boukorca, A., L. Bellatreche, et A. Cuzzocrea (2014). Slemas : an approach for selecting materialized views under query scheduling constraints. In *Proceedings of the 20th International Conference on Management of Data*, pp. 66–73. Computer Society of India.

Chaudhuri, S., U. Dayal, et V. Narasayya (2011). An overview of business intelligence technology. *Communications of the ACM 54*(8), 88–98.

Cohen, J., B. Dolan, M. Dunlap, J. M. Hellerstein, et C. Welton (2009). Mad skills : new analysis practices for big data. *Proceedings of the VLDB Endowment 2*(2), 1481–1492.

Dean, J. et S. Ghemawat (2004). Mapreduce : Simplified data processing on large clusters. In *6th Symposium on Operating System Design and Implementation (OSDI 2004), San Francisco, California, USA, December 6-8, 2004*, pp. 137–150.

Gacem, A. et K. Boukhalfa (2013). Very large workloads based approach to efficiently partition data warehouses. In *Modeling Approaches and Algorithms for Advanced Computer Applications*, pp. 285–294.

Goldstein, J. et P.-Å. Larson (2001). Optimizing queries using materialized views : a practical, scalable solution. In *ACM SIGMOD Record*, Volume 30, pp. 331–342. ACM.

Gupta, H. et I. S. Mumick (1999). Selection of Views to Materialize Under a Maintenance Cost Constraint. In *Database Theory - ICDT'99*, pp. 453–470. Springer.

Herodotou, H. (2012). *Automatic tuning of data-intensive analytical workloads*. Ph. D. thesis, Duke University.

Herodotou, H. et S. Babu (2013). A what-if engine for cost-based mapreduce optimization. *IEEE Data Eng. Bull. 36*(1), 5–14.

Isard, M., V. Prabhakaran, J. Currey, U. Wieder, K. Talwar, et A. Goldberg (2009). Quincy : fair scheduling for distributed computing clusters. In *Proceedings of the ACM SIGOPS 22nd symposium on Operating systems principles*, pp. 261–276. ACM.

Jaccard, P. (1901). *Distribution de la Flore Alpine : dans le Bassin des dranses et dans quelques régions voisines*. Rouge.

Jian, Y., K. Kamalakar, et Q. Li (1997). Algorithms for Materialized view design in data warehousing environnement. *VLDB 97*, 25—-29.

Kotidis, Y., Y. Kotidis, N. Roussopoulos, et N. Roussopoulos (1999). DynaMat : a dynamic view management system for data warehouses. *Proc. 1999 {ACM} {SIGMOD} international conference on Management of data*, 371–382.

Koyutürk, M., A. Grama, et N. Ramakrishnan (2005). Compression , Clustering , and Pattern Discovery in Very High-Dimensional Discrete-Attribute Data Sets. *Knowledge and Data Engineering, IEEE Transactions on 17*(4), 447–461.

Marcus, R. et O. Papaemmanouil (2016). Wisedb : A learning-based workload management advisor for cloud databases. *CoRR abs/1601.08221*.

Nykiel, T., M. Potamias, C. Mishra, G. Kollios, et N. Koudas (2010). Mrshare : sharing across multiple queries in mapreduce. *Proceedings of the VLDB Endowment 3*(1-2), 494–505.

Perriot, R., J. Pfeifer, L. d'Orazio, B. Bachelet, S. Bimonte, et J. Darmont (2013). Modèles de coût pour la sélection de vues matérialisées dans le nuage, application aux services amazon ec2 et s3. In *9èmes journées francophones sur les Entrepôts de Données et l'Analyse en ligne (EDA 13), Blois*, Volume B-9 of *Revue des Nouvelles Technologies de l'Information*, Paris, pp. 53–68. Hermann.

Poess, M., R. Nambiar, et D. Walrath (2007). Why you should run TPC-DS : a workload analysis. *... conference on Very large data bases*, 1138–1149.

Sellis, T. K. (1988). Multiple-query optimization. *ACM Transactions on Database Systems 13*(1), 23–52.

Thusoo, A., J. S. Sarma, N. Jain, Z. Shao, P. Chakka, N. Zhang, S. Antony, H. Liu, et R. Murthy (2010a). Hive-a petabyte scale data warehouse using hadoop. In *Data Engineering (ICDE), 2010 IEEE 26th International Conference on*, pp. 996–1005. IEEE.

Thusoo, A., Z. Shao, S. Anthony, D. Borthakur, N. Jain, J. Sen Sarma, R. Murthy, et H. Liu (2010b). Data warehousing and analytics infrastructure at facebook. In *Proceedings of the 2010 ACM SIGMOD International Conference on Management of data*, pp. 1013–1020. ACM.

Wang, G. et C.-Y. Chan (2013). Multi-query optimization in mapreduce framework. *Proceedings of the VLDB Endowment 7*(3), 145–156.

Zaharia, M., D. Borthakur, J. S. Sarma, K. Elmeleegy, S. Shenker, et I. Stoica (2009). Job scheduling for multi-user mapreduce clusters. *EECS Department, University of California, Berkeley, Tech. Rep. UCB/EECS-2009-55.*

Zaharia, M., M. Chowdhury, T. Das, A. Dave, J. Ma, M. McCauley, M. J. Franklin, S. Shenker, et I. Stoica (2012). Resilient distributed datasets : A fault-tolerant abstraction for in-memory cluster computing. In *Proceedings of the 9th USENIX conference on Networked Systems Design and Implementation*, pp. 2–2. USENIX Association.

Zhang, C., X. Yao, et J. Yang (2001). An evolutionary approach to materialized views selection in a data warehouse environment. *Systems, Man, and Cybernetics, Part C : Applications and Reviews, IEEE Transactions on 31*(3), 282–294.

Summary

This article deals with the optimization problem of the execution of massive analytical processing on distributed data warehouses (ED) where the number of simultaneous queries is counted by thousands. While taking as a starting point the techniques of optimization used in the undistributed context, we propose a new strategy of selection and storage of materialized views (MV) on distributed file system; then we handle the processing of the decisional queries workload by using the MV. Our approach plays a role of mediator between the users and the data warehouse to propose a better execution plan to their queries. The first results make us believe that in a distributed environment, our approach improves more than 50% the execution cost of a request compared to the system provided by default.

L'implantation de sources de données dans un système NoSQL : formalisation des règles de passage conceptuel/logique

Fatma Abdelhedi*,**, Amal Ait Brahim* et Gilles Zurfluh*

* IRIT - Université Toulouse Capitole - France -
<prenom.nom>@irit.fr
** CBI² - Sté TRIMANE Saint Germain en Laye - France -
<prenom.nom>@gmail.com

Résumé. La transformation digitale des entreprises et plus largement celle de la société, entraine une évolution des bases de données vers le Big Data. Nos travaux s'inscrivent dans cette mutation et concernent plus particulièrement les mécanismes d'implantation d'une base de données sur une plateforme NoSQL. Pour automatiser ce processus, nous avons spécifié des algorithmes pour traduire un schéma conceptuel en un schéma logique NoSQL. A partir d'un diagramme de classes d'UML décrivant une base d'objets complexes, nous proposons des procédures de correspondance pour générer un schéma d'implantation destiné à une plateforme NoSQL orientée colonnes. Nous introduisons un schéma intermédiaire de niveau logique afin de limiter les impacts liés aux évolutions techniques des plateformes NoSQL. Une expérimentation du processus de correspondance a été réalisée sur une application médicale.

1 Introduction

Les applications Big Data, Chen et Zhang (2014), développées dans les domaines tels que le spatial, la santé ou la gestion commerciale, répondent à un double objectif : (1) assurer le passage à l'échelle (ou scalabilité), c'est-à-dire répartir les données et distribuer les traitements sur un nombre important de machines afin d'être en mesure de stocker de très grands volumes de données et d'absorber des charges très importantes ; (2) manipuler les données complexes avec des outils qui prennent en compte la répartition logique de ces données.

Notre problématique générale est de proposer des modèles et des outils décisionnels capables de localiser des sources de données pertinentes, d'alimenter des entrepôts et d'exploiter ces derniers à des fins d'analyse. Les présents travaux se situent en amont dans ce processus décisionnel, au niveau des sources de données utilisées pour alimenter les entrepôts. Avant l'avènement du Big Data, ces sources de données étaient principalement constituées de bases de données relationnelles, de fichiers informatiques et de documents formatés en HTML ou XML. Avec la diffusion des plateformes NoSQL, les systèmes de décision doivent intégrer de nouvelles sources de données pour alimenter les entrepôts. Ainsi, des systèmes d'alimentation d'entrepôts comme Talend [1] offrent des fonctionnalités pour charger, extraire et améliorer (nettoyer et enrichir) des données disparates, tout en tirant parti de la puissance de traitement massivement parallèle des technologies de Big Data, comme Hadoop, Grover et al. (2015) et les bases de données NoSQL, Abhinay et al. (2013). Nos travaux visent donc à intégrer des sources Big Data dans un processus décisionnel. Le présent article consiste à proposer des règles de passage d'un schéma conceptuel décrivant une source Big Data, en un modèle NoSQL orienté colonnes. Une expérimentation est effectuée pour une application d'informatique médicale qui doit être implantée sur la plateforme Hadoop.

2   Motivation

2.1   Étude de cas

Pour illustrer nos travaux, nous utilisons un cas extrait d'une application médicale dont la base de données est représentée avec le formalisme UML. Cet exemple nous permettra de montrer comment passer d'un diagramme de classes (DCL) d'UML (vers un schéma NoSQL, Gajendran (2012). Il s'agit de la mise en place de programmes nationaux ou internationaux pour le suivi de cohortes de patients atteints de pathologies graves. L'objectif majeur d'un tel programme est de collecter des données sur l'évolution temporelle d'une pathologie particulière, d'étudier les interactions de la pathologie avec des maladies opportunes et d'évaluer l'influence des traitements et médications à court et moyen termes. La durée d'un programme est décidée lors de son lancement et peut atteindre trois ans. Les données collectées par plusieurs établissements dans le cadre d'un programme pluriannuel, présentent les caractéristiques généralement admises pour le Big Data (les 3 V), Doug (2001). En effet, le volume des données médicales recueillies quotidiennement auprès des patients, peut atteindre, pour l'ensemble des établissements et sur trois années, plusieurs téraoctets. D'autre part, la nature des données saisies (mesures, radiographie, scintigraphies, etc.) est diversifiée et peut varier d'un patient à un autre selon son état de santé. Enfin, certaines données sont produites en flux continu par des capteurs ; elles doivent être traitées quasiment en temps réel car elles peuvent s'intégrer dans des processus sensibles au temps (mesures franchissant un seuil qui impliqueraient l'intervention d'un praticien en urgence par exemple). Le suivi des patients exige le stockage de données variées telles que l'enregistrement des consultations effectuées par les praticiens, des résultats d'examens, des prescriptions de médicaments et de traitements spécifiques. L'extrait du diagramme UML de la figure 1 montre quelques classes pour un programme médical associé au suivi des patients atteints d'une pathologie particulière.

---

1. Talend.https ://fr.talend.com/products/big-data

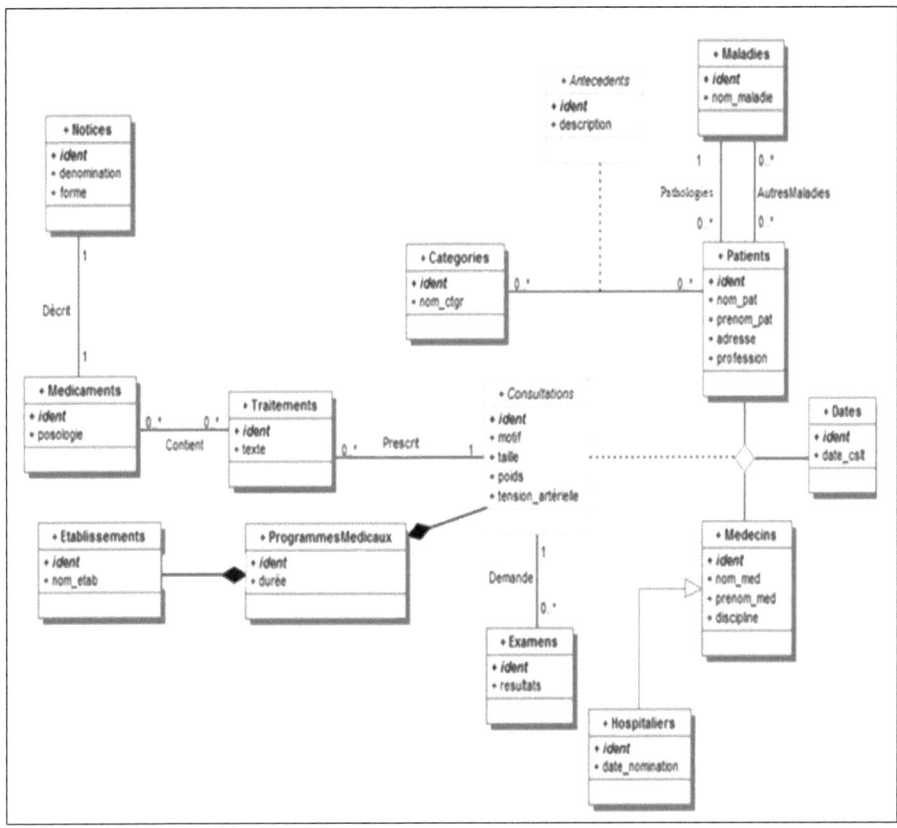

FIG. 1 – *Extrait d'un schéma des données.*

2.2 État de l'art

Une base de données de type Big Data contient des données variées, c'est-à-dire des données de types non standard qualifiés généralement d'objets complexes : textes, graphiques, documents, séquences vidéo, etc. Pour implanter de telles bases de données, des études ont porté sur la modélisation conceptuelle des objets complexes et ont montré que l'on pouvait appliquer ces modèles au Big data. D'autres travaux ont proposé des processus de transformation d'un schéma de bases de données vers un schéma NoSQL.

2.2.1 Modélisation des données complexes

La modélisation des données complexes, Darmont et al. (2005), a fait l'objet de nombreux travaux de recherche ; nous allons nous focaliser sur trois d'entre eux : Pedersen et Jensen (1998), Tanasescu et al. (2005), Midouni et al. (2009) que nous avons considérés comme les travaux les plus marquants dans ce contexte. L'approche de Tanasescu et al. (2005) consiste à concevoir un diagramme UML pour identifier et représenter conceptuellement les données complexes afin de les préparer au processus de modélisation multidimensionnelle. Dans le domaine médical, Pedersen et Jensen (1998) ont proposé un modèle multidimensionnel pour les données complexes qui modélise les données temporelles et imprécises respectivement par l'ajout du temps de validité et des probabilités au modèle. Nous pouvons citer aussi le travail de Midouni et al. (2009) qui s'intéresse au traitement de la complexité des données médicales ; ils ont étendu un modèle en constellation en introduisant de nouveaux concepts permettant la présentation des données biomédicales. Dans le même article, les auteurs ont proposé une approche de modélisation et d'implantation d'un entrepôt médical en se basant sur le modèle étendu.

Aujourd'hui, le modèle de données UML représente une sorte de référence en matière de représentation de schémas de bases de données complexes. Ce modèle conceptuel, permettant de décrire la sémantique des objets métiers dans une application, peut donc être appliqué à la description des bases de données de type Big Data.

2.2.2 Transformation des modèles

Dans le contexte des entrepôts de données, les travaux de Chevalier et al. (2015) ont défini des règles pour traduire un modèle multidimensionnel en étoile, en deux modèles physiques NoSQL, un modèle orienté colonnes et un modèle orienté documents. Les liens entre faits et dimensions ont été traduits sous la forme d'imbrications.

Dans Li (2010), ont été étudiés les mécanismes d'implantation d'une base de données relationnelle dans le système HBase. La méthode proposée est basée sur des règles permettant la correspondance d'un schéma relationnel en un schéma HBase ; les relations entre les tables (clés étrangères) sont traduites par l'ajout des familles de colonnes contenant des références.

D'autres travaux, Yan et al. (2014), ont étudié la transformation d'un DCL en un schéma de données HBase avec l'approche MDA. L'idée de base est de construire des méta-modèles correspondant au diagramme de classes UML et au modèle de données orienté colonnes HBase puis de proposer des règles de transformation entre les éléments des deux méta-modèles construits. Ces règles permettent de transformer un DCL directement en un schéma d'implantation spécifique au système HBase.

Cet état de l'art montre que peu de travaux antérieurs ont étudié la correspondance d'un modèle conceptuel de données complexes avec un modèle Big Data. Dans le travail le plus proche de notre problématique, Yan et al. (2014), les règles de transformation de schémas proposées ne sont pas compatibles avec d'autres systèmes NoSQL orienté colonnes, tels que Cassandra et BigTable, le modèle de transformation proposé ne considère pas un niveau logique indépendant de toute plateforme technique.

3 Contribution

Nous reprenons l'architecture classique de la modélisation des données qui distingue les niveaux conceptuel et interne, Fankam et al. (2008) ; au niveau interne (ou technique), nous considérons les niveaux logique et physique. A partir de cette architecture, nous proposons un processus de correspondance entre un diagramme de classes conceptuel et un modèle logique NoSQL orienté colonnes. Quant à la correspondance entre les niveaux logique et physique (modèle d'implantation propre à un système propriétaire), il ne fera pas l'objet d'une présentation détaillée dans cet article.

L'étude de ces principes de correspondance sont à la base des travaux que nous menons sur les mécanismes ETL dédiés à l'alimentation d'un entrepôt à partir de sources Big Data. Ces mécanismes, tenant compte de la sémantique des données, nécessitent de connaître les descriptions conceptuelles des sources. La figure 2 illustre notre approche qui consiste à passer d'un DCL à un modèle de type orienté colonnes puis, dans un second temps, à un modèle physique (schéma HBase ou Cassandra).

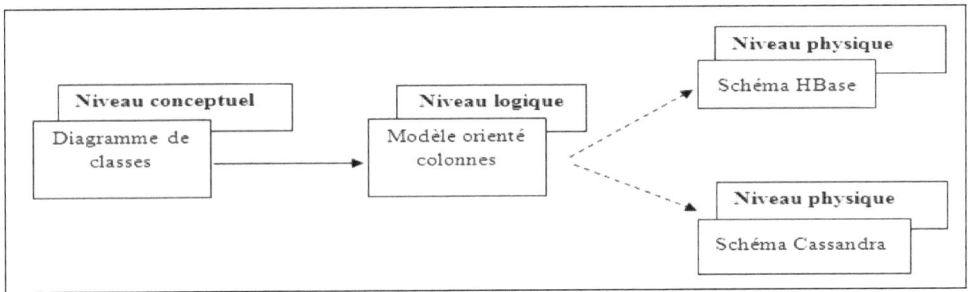

FIG. 2 – *Implantation d'une base de données : les niveaux de description.*

Le passage du niveau conceptuel au niveau logique est assuré par des procédures de correspondance entre les éléments des modèles correspondants.

3.1 Niveau conceptuel

Dans un systéme décisionnel, les données à analyser sont extraites de sources multiples. De nombreux projets reposent sur des sources de type Big Data comme le suggère l'exemple de la section 2.1. UML étant le modèle reconnu par la communauté des bases de données pour représenter des objets complexes [2], nous décrivons le schéma d'une source Big Data sous la forme d'un DCL d'UML.

Un DCL contient un ensemble de classes $\{C_1,...,C_p\}$. Chaque classe regroupe des objets ayant une sémantique et des propriétés communes ; elle est définie par son nom, ses attributs et ses opérations (dans cet article, nous ne prenons pas en compte les opérations).

Le schéma d'une classe C $\in$ DCL est un triplet (N, A, Ident) où :
- C.N est le nom de la classe.
- C.A = $\{a_1,...,a_q\}$ est un ensemble de q attributs. Le schéma d'un attribut a $\in$ A est un couple (N : C) où « a.N » représente le nom de l'attribut et « a.C » la classe qui le définit ; C peut être une classe prédéfinie, c'est-à-dire un type de données standard (String, Integer, Date,...) ou une classe définie explicitement par l'utilisateur appelée classe-utilisateur.
- C.Ident est un identificateur d'objet de type Oid (Object Identifier des systèmes objet) géré automatiquement par le système pour chaque classe du DCL.

Par exemple, la classe Patients de la Figure 1 est définie comme suit :
(Patients , {(nom-pat : String), (prénom-pat : String), (adresse : Adr), (date-naiss : Date), (profession :String)}, (ident : Oid))

---

2. http ://www.omg.org/spec/UML/2.5/

(Adr , {(cp : Integer, ville : String)}). -- *Classe définie par l'utilisateur et jouant le rôle de type.*

Une association n-aire dans un DCL est exprimée sous la forme d'une classe de n attributs. Chacun d'eux est associé à une classe utilisateur ; ces attributs références permettent d'établir des liens lors de la valorisation des données. Par exemple dans la figure 1, le lien Pathologie entre Patients et Maladies se traduit par une classe définie comme suit :
(Pathologies, {(pat : Patients), (patho : Maladies)},(ident : Oid))

Lors de l'instanciation de Pathologies, les attributs pat et patho prendront respectivement la référence d'un objet de la classe Patients et de la classe Maladies.

Un lien peut être multivalué ; c'est le cas du lien AutresMaladies entre les classes Patients et Médecins dans la figure 1. Le lien s'exprime alors comme suit :
(AutresMaladies , {(pat : Patients), (patho : set(Maladies)}, (ident :OID)). -- *l'attribut patho peut prendre plusieurs valeurs.*

Dans le cas où un lien présente des propriétés dans une classe d'associations, c'est celle-ci qui contiendra les attributs références. La classe d'associations Consultations s'exprime alors comme suit :
(Consultations , {(pat : Patients), (med : Medecins), (dte : Dates), (motif :String), (taille :Float), (Poids : Float)}, (ident :Oid))

Un lien d'agrégation ou de composition dans un DCL s'exprime par l'ajout, dans la classe composite, d'un attribut référençant la classe composante. Cet attribut prendra un ensemble de références d'objets de la classe composante. Par exemple dans la figure 1, le lien de composition entre ProgrammesMédicaux et Etablissements se traduit comme suit : ProgrammesMédicaux : {..., (etab : set(Etablissements)) ,...}

Un lien d'héritage entre deux classes s'exprime par l'ajout, dans la sous-classe, d'un attribut référençant la super-classe. Ainsi le lien d'héritage de la figure 1 qui relie les classes Médecins et Médecins-Hospitalier, se traduit par l'attribut (médec : Médecins) dans la classe Médecins-Hospitalier.

3.2 Niveau logique

Dans le niveau logique de description d'une base de données, les choix d'implantation ne sont pas complètement spécifiés. Les principes d'organisation des données sont précisés mais il est fait abstraction du SGBD utilisé pour implanter la base (ce choix se fait au niveau physique) ; seul le type de SGBD est pris en compte. Nous avons retenu un système NoSQL de type orienté colonnes. Ce choix a été dicté par les besoins de nos applications basés sur des requêtes multicritères faisant intervenir simultanément plusieurs attributs. Or les systèmes orientés colonnes offrent des techniques de stockage qui sérialisent les valeurs des colonnes et permettent ainsi d'accélérer l'accès aux données.

Le problème consiste donc à passer d'un schéma conceptuel de base de données (DCL) vers un schéma physique NoSQL qui fera l'objet d'une implantation. Mais plusieurs systèmes NoSQL orientés colonnes coexistent ; les plus connus sont BigTable, Chang et al. (2008), HBase, Carstoiu et al. (2010), Cassandra [3] et Accumulo [4]. Ils présentent des spécificités techniques propres qui relèvent essentiellement des techniques d'implantation. Pour faire abstrac-

---

3. http ://cassandra.apache.org/
4. https ://accumulo.apache.org/

tion de ces spécificités, nous intègrerons le niveau logique dans le processus de correspondance entre les schémas. Autrement dit, nous considérerons les passages successifs :
Conceptuel –> Logique puis Logique –> Physique. Au niveau logique, le schéma décrit l'implantation des données en faisant abstractions de considérations techniques propres à tel ou tel système NoSQL.

Selon le modèle orienté colonnes, une base de données (BD) est constituée d'un ensemble de tables. Une table permet de regrouper des objets de taille variable sous forme de lignes ; chacune d'elles est identifiée par un identificateur unique (Id) dont le type est noté « clé-ligne » . Généralement, on regroupe dans une table les objets fortement liés ; par exemple les employés, les services auxquels ils appartiennent et les projets auxquels ils participent. Par défaut, nous stockerons la base de données dans une table unique notée T ; mais ce paramètre peut être modifié par l'administrateur des données. La table T est associée à un ensemble de familles de colonnes $\{f_1,...,f_p\}$. Le schéma d'une famille f est un triplet (N, COL, Id) où :
  – f.N est le nom de la famille.
  – f.COL = $\{col_1,...,col_q\}$ est un ensemble de q colonnes présentes dans chaque ligne de T décrite par f. Le schéma d'une colonne col est un triplet (N, T, TS) où « col.N » représente le nom de la colonne, « col.T » son type et « col.TS » le TimeStamp (horodatage). Dans cet article, nous ne considérons pas l'horodatage des données.
  – f.Id est un identificateur unique de la famille de colonnes de type « clé-ligne ».

D'un point de vue logique, nous pouvons alors illustrer la structure du modèle orienté colonnes comme suit :

```
Table [nom_table]  {
              Id : f[nom_famille]
                         { col[nom_colonne] }
              }
```

FIG. 3 – *Modèle logique orienté colonnes.*

3.3 Règles de correspondance Conceptuel/Logique

Nous proposons un processus permettant de décrire la correspondance entre les éléments du modèle conceptuel (diagramme de classes) et du modèle logique (orienté colonnes). Cette correspondance est réalisée par trois procédures notés CP (pour Correspondence Procedure) appliquées dans l'ordre suivant : $CP_{class}, CP_{classasso}, CP_{asso}, CP_{composition}$ et $CP_{heritage}$.

3.3.1 Transformation de classe

$CP_{class}(C; f)$ est une procédure de transformation de classe en famille de colonnes. Elle comporte les paramètres suivants :
  – C : (N, $\{a_1,...,a_q\}$, Ident) est une classe du DCL désignée par un nom N, q attributs et un identificateur Ident.
  – f : (N, $\{col_1,...,col_q\}$, Id) est une famille de q colonnes ayant Id pour identificateur de type « clé-ligne » .

Cette procédure correspond à l'algorithme ci-dessous qui élabore la famille de colonnes correspondante à une classe : le regroupement des attributs d'une classe permet de constituer une famille de colonnes distincte.

Algorithm 1 CP_{class}

Input : C , **Output :** f
Begin
  f=∅
  f.N = C.N
  f.Id = C.Ident
  For i=1 **to** q **do**
    $col_i.N = a_i.N$
    $col_i.type = a_i. C$
    $f = f \cup col_i$
  EndFor
End

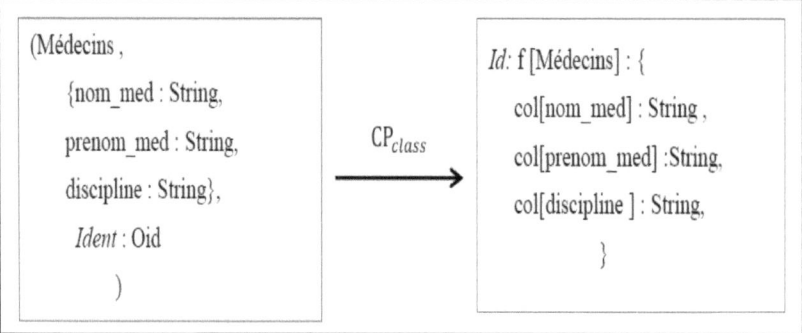

FIG. 4 – *Exemple de résultat de la procédure* CP_{class}.

3.3.2 Transformation de classe d'associations

$CP_{classasso}(C; f)$ est une procédure de transformation de classe d'associations en famille de colonnes. Elle comporte les paramètres suivants :

– C : (N, {{a_1,...,a_k},{a_1,...,a_h}}, Ident) est une classe d'associations du DCL désignée par un nom N, k attributs, h attributs références et un identificateur Ident.

– f : (N, {col_1,...,col_m}, Id) est une famille de m colonnes, avec m=k+h, ayant Id pour identificateur de type « clé-ligne » .

Cette procédure correspond à l'algorithme ci-dessous qui élabore la famille de colonnes correspondante à une classe d'associations : le regroupement des attributs références et des attributs de la classe d'associations permet de constituer une famille de colonnes distincte.

Algorithm 2 CP$_{classasso}$

Input : C , **Output :** f
Begin
  f=∅
  f.N = C.N
  f.Id = C.ident
  For i=1 **to** k **do**
    col$_i$.N = a$_i$.N
    col$_i$.type = a$_i$. C
    f = f ∪ col$_i$
  EndFor
  For i=1 **to** h **do**
    col$_i$.N = a$_i$.N
    col$_i$.type = clé-ligne
    f = f ∪ col$_i$
  EndFor
End

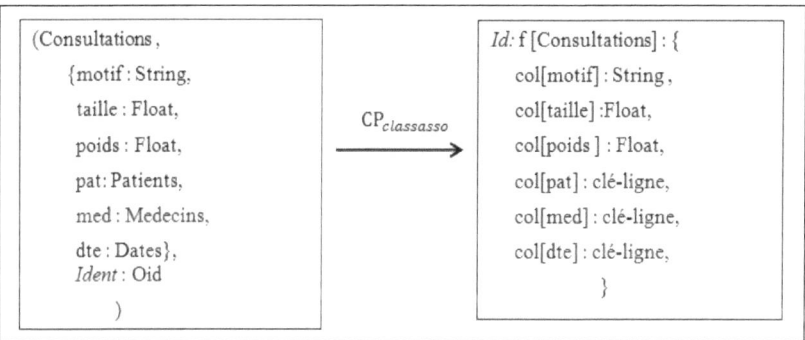

FIG. 5 – *Exemple de Résultat de la procédure CP$_{classasso}$.*

3.3.3 Transformation de lien d'association

CP$_{asso}(Asso; f)$ est une procédure de transformation d'un lien d'association. Elle comporte les paramètres suivants :
– Asso : (N, {a$_1$,...,a$_n$}, Ident) est une association n-aire de n attributs références.
– f : (N, {col$_1$,...,col$_n$}, Id) est une famille de n colonnes.
  Cette procédure correspond à l'algorithme ci-dessous qui élabore la famille de colonnes correspondante à une association n-aire : les attributs correspondent à des colonnes de type « clé-ligne » qui référencent des familles cibles (classes liées).

Algorithm 3 CP_{asso}

Input : Asso , **Output :** f
Begin
  f=∅
  f.N = Ass.N
  f.Id = C.ident
  For i=1 **to** n **do**
    col_i.N = a_i.N
    col_i.type = clé-ligne
    f = f ∪ col_i
  EndFor
End

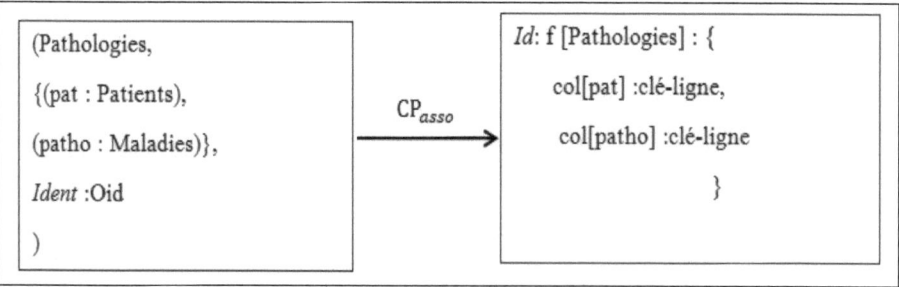

FIG. 6 – *Exemple de résultat de la procédure* CP_{asso}.

3.3.4 Transformation de lien composition/agrégation

$CP_{composition}(a, f_{composite}; col)$ est une procédure de transformation de lien de composition/agrégation. Elle comporte les paramètres suivants :
  – a : est l'attribut référençant la classe composante.
  – $f_{composite}$: est la famille correspondante à la classe composite.
  – col : est une colonne de type « ensemble clé-ligne » .
  L'algorithme ci-dessous transforme l'attribut référence en une colonne de type « ensemble clé-ligne » puis ajoute cette dernière dans la famille correspondante à la classe composite.

Algorithm 4 $CP_{composite}$

Input : a, $f_{composite}$, **Output :** col
Begin
  col.N = a.N
  col.type = set< clé-ligne >
  $f_{composite}$ = $f_{composite}$ ∪ col
End

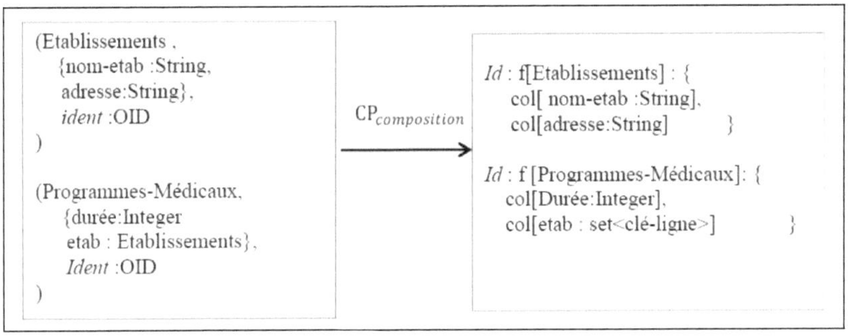

(Etablissements ,
    {nom-etab :String,
    adresse:String}.
    ident :OID
)

(Programmes-Médicaux.
    {durée:Integer
    etab : Etablissements}.
    Ident :OID
)

$CP_{composition}$

Id : f[Etablissements] : {
    col[nom-etab :String],
    col[adresse:String]   }

Id : f [Programmes-Médicaux]: {
    col[Durée:Integer],
    col[etab : set<clé-ligne>]   }

FIG. 7 – *Résultat de la procédure* $CP_{composition}$.

3.3.5   Transformation de lien d'héritage

$CP_{heritage}(a, f_{sous-classe}; col)$ est une procédure de transformation de lien d'héritage. Elle comporte les paramètres suivants :
– a : est l'attribut référençant la super-classe.
– $f_{sous-classe}$: est la famille correspondante à la sous-classe.
– col : est une colonne de type « clé-ligne » .
L'algorithme suivant transforme l'attribut de référence en une colonne de type « clé-ligne » pour créer le lien entre la super-classe et la sous-classe, puis ajoute cette dernière dans la famille correspondante à la sous-classe.

Algorithm 5 $CP_{heritage}$

Input : a, $f_{sous-classe}$, **Output :** col
Begin
    col.N = a.N
    col.type = clé-ligne
    $f_{sous-classe} = f_{sous-classe} \cup$ col
End

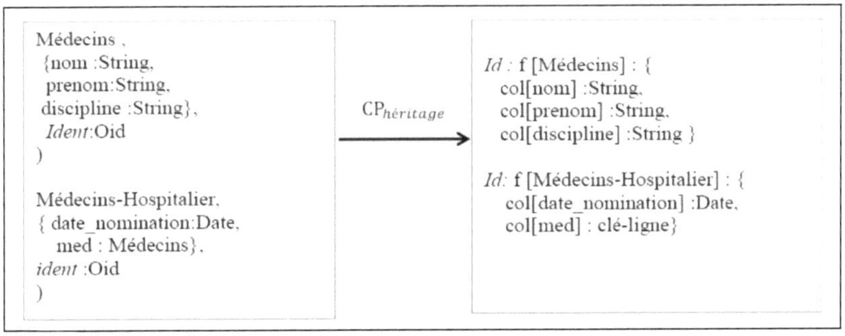

Médecins ,
    {nom :String,
    prenom:String,
    discipline :String},
    Ident:Oid
)

Médecins-Hospitalier.
    { date_nomination:Date,
    med : Médecins},
    ident :Oid
)

$CP_{héritage}$

Id : f [Médecins] : {
    col[nom] :String,
    col[prenom] :String,
    col[discipline] :String }

Id: f [Médecins-Hospitalier] : {
    col[date_nomination] :Date,
    col[med] : clé-ligne}

FIG. 8 – *Exemple de résultat de la procédure* $CP_{heritage}$.

- 105 -

4 Niveau physique

Les règles de correspondance que nous venons de définir permettent d'obtenir un schéma logique indépendant de toute plateforme d'implantation. Ce principe assure l'indépendance du niveau logique face aux évolutions techniques des systèmes NoSQL sous-jacents. Nous présentons brièvement deux plateformes d'implantation : Cassandra et HBase. Mais, dans la mesure où cet article est consacré à è la transformation d'un DCL en un modèle logique orienté colonnes, nous ne décrivons pas le passage du modèle logique vers les modèles physiques.

4.1 HBase

HBase est un système NoSQL orienté colonnes qui a été développé au-dessus du système de fichiers HDFS (Hadoop Distributed File System) de la plateforme Hadoop, Vora (2011). Une base de données HBase est par défaut composée d'une seule table notée HTable (l'administrateur peut modifier ce paramètre pour créer plusieurs tables). Lors de la création d'une HTable, on peut lui associer un nombre fixe de familles de colonnes ; seul le nom de la famille est précisé sans mention des noms de colonnes. Une famille est un regroupement logique de colonnes qui seront ajoutées au moment de l'insertion des données. Chaque ligne (ou enregistrement) au sein d'une HTable est identifiée par une clé notée RowKey et choisie par l'utilisateur. Au triplet (RowKey, famille de colonnes,colonne) correspond une cellule unique qui contiendra une valeur.

4.2 Cassandra

Cassandra est un SGBD NoSQL orienté colonnes, initialement basé sur le modèle BigTable de Google, mais qui emprunte également des caractéristiques au système Dynamo d'Amazon[5]. Une base de données Cassandra est par défaut composée d'un seul conteneur de données noté KeySpace. Ce dernier est associé à une ou plusieurs familles de colonnes, chacune d'elles est un regroupement logique de lignes. Une ligne est composée d'un ensemble de colonnes et est identifiée par une clé notée PrimaryKey. Chaque colonne est représentée par un triplet correspondant à un nom, un type et un timestamp.

Notons que les concepts « Table » et « clé-ligne » seront remplacés respectivement par les concepts HTable et RowKey sous HBase et par KeySpace et PrimaryKey sous Cassandra.

4.3 Implantation

Dans cette section, nous évoquons les techniques que nous avons utilisées pour mettre en oeuvre la démarche présentée dans la figure 2.

La version 5 de la distribution Cloudera de Hadoop (CDH 5, Cloudera Distribution Including Apache Hadoop) a été utilisée pour installer Hadoop et HBase. L'utilisation de CDH5 est faite sur VirtualBox (v 4.3.20) avec Cloudera QuickStart Virtual Machine[6]. Il s'agit d'une solution préconfigurée qui facilite l'installation de Hadoop et de plusieurs de ses sous-projets,

---

5. https ://aws.amazon.com/fr/documentation/dynamodb/
6. http ://www.cloudera.com/content/www/enus/documentation/enterprise/5-3 x/topics/clouderaquickstartvm.html

comme HBase, Carstoiu et al. (2010), Hive, Thusoo et al. (2009) et Impala [7]. Par souci d'efficacité, nous avons choisi cette solution qui contient toutes les composantes nécessaires pour l'implantation de notre base de données.

Sous HBase, plusieurs solutions d'implantation d'une base de données sont possibles. Nous avons opté pour celles qui correspondent le mieux au modèle logique que l'on a proposé ; notamment, nous avons choisi de définir une seule famille de colonnes par ligne de la table. La figure 9 montre un extrait des schémas HBase (a) et Cassandra (b).

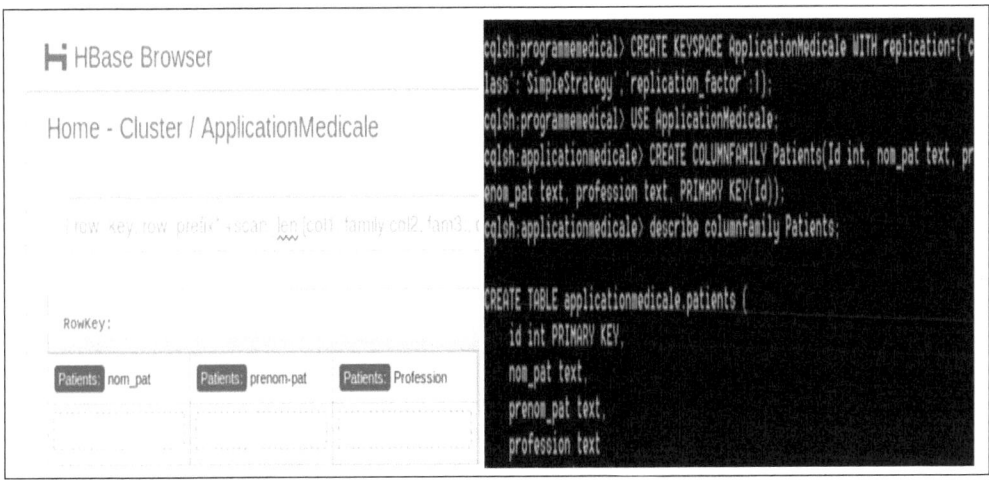

FIG. 9 – *Extrait des modéles physiques HBase (a) et Cassandra (b).*

5 Positionnement de nos travaux

Nous positionnons nos travaux au regard de trois articles de recherche dont les problématiques et/ou les solutions proposées sont proches des nôtres.

L'article de Chevalier et al. (2015) s'inscrit dans le contexte de l'entreposage des données puisqu'il étudie les règles de passage d'un schéma multidimensionnel en schémas physiques NoSQL ; deux plateformes ont été retenues : le système orienté colonnes HBase et le système orienté documents MongoDB. Bien que le point de départ du processus (un schéma multidimensionnel) se situe au niveau conceptuel, ce schéma ne présente pas les mêmes caractéristiques qu'un DCL d'UML ; notamment, il comporte exclusivement des classes Faits et Dimensions et un type de lien unique entre ces deux classes.

L'article de Li (2010) traite de la transformation d'un schéma relationnel en un schéma orienté colonnes HBase. Ces travaux répondent bien aux attentes concrètes des entreprises qui, face aux évolutions récentes de l'informatique, souhaitent stocker leurs bases de données actuelles dans des systèmes NoSQL. Mais la source du processus de transformation, ici un schéma relationnel, ne présente pas la richesse sémantique que l'on peut exprimer dans un

---

7. Impala. http ://www.cloudera.com/documentation/enterprise/latest/topics/impala.html

DCL (notamment grâce aux différents types de liens entre classes : agrégation, composition, héritage,...).

Les travaux présentés dans Yan et al. (2014) ont pour objet de spécifier un processus de transformation MDA d'un schéma conceptuel (DCL) vers un schéma physique HBase. Ce processus ne propose pas un niveau intermédiaire (le niveau logique) qui permettrait de rendre le résultat du processus indépendant d'une plateforme système particulière. D'autre part, la transformation des liens du DCL ne tiennent pas compte des contraintes d'organisation de données qui ont été dictées par les exigences de notre contexte d'application.

6 Conclusion

Nos travaux s'inscrivent dans le cadre de l'évolution des bases de données vers les Big Data, ceci pour prendre en compte le volume, la variété et la vélocité des données présents dans les nouvelles applications liées à la transformation digitale des entreprises. Nos études portent actuellement sur les mécanismes de stockage des données dans des systèmes NoSQL.

Dans cet article, nous avons traité le processus de transformation d'un schéma conceptuel représenté par un DCL d'UML en un schéma physique NoSQL orienté colonnes. Pour automatiser ce processus, nous avons spécifié des algorithmes pour traduire un DCL en un schéma logique NoSQL. Selon notre approche, le schéma logique constitue un niveau intermédiaire qui fait abstraction des considérations techniques propres aux plateformes d'implantation et qui apparaîtront uniquement dans le schéma physique ; ce principe permet de rendre le niveau logique indépendant des évolutions technologiques des plateformes.

Nous avons expérimenté notre démarche et nos modèles sur une application du domaine médical qui porte sur des programmes pluriannuels de suivi de pathologies. Nous avons automatisé le processus de transformation d'un DCL décrivant une base de données en un schéma NoSQL orienté colonnes. Ce schéma a été implanté sur les systèmes HBase et Cassandra.

Références

Abhinay, A., B. Akshata, et C. Karuna (2013). Growth of new databases analysis of nosql datastores. *International Journal of Advanced Research in Computer Science and Software Engineering*.

Carstoiu, D., E. Lepadatu, et M. Gaspar (2010). Hbase - non sql database, performances evaluation. *International Journal of Advancements in Computing Technology*.

Chang, F., J. Dean, S. Ghemawat, W. Hsieh, D. Wallach, M. Burrows, Chandra, A. Fikes, et R. Gruber (2008). Bigtable : a distributed storage system for structured data. *ACM Trans. Comput. Syst*.

Chen, C. et C. Zhang (2014). Data-intensive applications, challenges, techniques and technologies : A survey on big data. *Inf. Sci*.

Chevalier, M., M. E. Malki, A. Kopliku, O. Teste, et R. Tournier (2015). Entrepôts de données multidimensionnelles nosql. *EDA*.

Darmont, J., O. Boussaid, J. Ralaivao, et K. Aouiche (2005). An architecture framework for complex data warehouses. *7th International Conference on Enterprise Information Systems (ICEIS)*.

Doug, L. (2001). 3d data management : Controlling data volume, velocity, and variety.

Fankam, C., S. Jean, G. Pierra, et L. Bellatreche (2008). Enrichissement de l'architecture ansi/sparc pour expliciter la sémantique des données : une approche fondée sur les ontologies. *Actes de la 2ème Conférence francophone sur les Architectures Logicielles (CAL'08)*.

Gajendran, J. (2012). A survey on nosql databases.

Grover, M., T. Malaska, J. Seidman, et G. Shapira (2015). Hadoop application architectures. *O'Reilly*.

Li, C. (2010). Transforming relational database into hbase. *In International Conference on Software Engineering and Service Sciences (ICSESS)*.

Midouni, S., J. Darmont, et F. Bentayeb (2009). Approche de modélisation multidimensionnelle des données complexes : Application aux données médicales. *EDA*.

Pedersen, T. B. et C. S. Jensen (1998). Multidimensional data modeling for complex data. *In Proc of 10th Int Conf on Data Engineering (ICDE). IEEE Computer Society*.

Tanasescu, A., O. Boussaid, et F. Bentayeb (2005). Preparing complex data for warehousing. *3rd ACS/IEEE International Conference on Computer Systems and Applications(AICCSA)*.

Thusoo, A., J. S. Sarma, N. Jain, Z. Shao, P. Chakka, H. L. S. Anthony, P. Wyckoff, et R. Murthy (2009). Hive - a warehousing solution over a map-reduce framework. *In Proc. of Very Large Data Bases*.

Vora, M. (2011). Hadoop - hbase for large-scale data. *Computer Science and Network Technology (ICCSNT)*.

Yan, L., P.Gu, et C.Zhang (2014). Transforming uml class diagrams into hbase based on metamodel. *Information Science, Electronics and Electrical Engineering (ISEEE)*.

Summary

In the last decade, Big Data has become a major research area for both academic and industrial side. In this paper, we consider the automatic transformation of Big Data conceptual schema within NoSql System. For this, we have specified algorithms to translate a conceptual schema into a NoSQL model. Starting from UML class diagram that describes a set of complex objects, we propose transformation algorithms to generate, ultimately, a columns-oriented NoSQL model. To ensure efficient automatic transformation, we use a logical model that limits the impacts related to technical developments of NoSQL platforms. We provide experiments of the transformation algorithms in the context of health area..

Index

Résumé

L'entreposage de données et l'analyse en ligne se sont imposées comme des outils fondamentaux et incontournables de l'informatique décisionnelle. Ils sont aujourd'hui confrontés à de nouveaux défis scientifiques qui apparaissent avec la prolifération de nouveaux type de données, de nouvelles architectures et infrastructures, etc. La conférence francophone sur les entrepôts de données et l'analyse en ligne, arrivée à sa douzième édition, vise à créer un contexte pour la rencontre et l'échange entre chercheurs, industriels et utilisateurs intéressés par les avancées dans les entrepôts de données et l'analyse en ligne. Le présent recueil constitue les actes du colloque EDA 2016, qui s'est déroulé à Aix-en-Provence, les 9 et 10 mai 2016, avec un programme comprenant huit présentation scientifiques et deux conférences invitées.

Summary

Data warehousing and online analysis have emerged as fundamental and indispensable tools for business intelligence. They are now faced with new scientific challenges that appear with the proliferation of new types of data, new architectures and infrastructures, etc. The Francophone conference on data warehouses and online analysis, now in its twelfth edition, aims to create a context for meeting and exchange between researchers, manufacturers and users interested in the advances in data warehouses and online analysis. The present collection includes the conference proceedings of EDA 2016, which was held in Aix-en-Provence, on 9 and 10 May 2016, with a program hosting eight scientific presentations and two invited speakers.

Rédacteurs invités

Alain Casali est Maitre de Conférences au laboratoire d'informatique Fondamentale (LIF) d'Aix-Marseille Université. Il est actuellement responsable de l'équipe Bases de données avancées (BDA). Ses travaux de recherche portent sur la Fouille de données binaire et multidimensionnelle ainsi que sur les treillis.